Liza Sernett

A Bit of Everything

Arbeitsblätter und Spielvorlagen für den englischen Anfangsunterricht

🜂 Verlag an der Ruhr

Impressum

Titel der deutschen Ausgabe
Kids' Corner – A Bit of Everything
Arbeitsblätter und Spielvorlagen
für den englischen Anfangsunterricht

Titel der amerikanischen Originalausgabe
A Bit of Everything Spanish (Un Poco De Todo)

© der amerikanischen Originalausgabe
T.S. Denison & Co., Inc., Minneapolis, MN, 1992

Autorin
Liza Sernett

Bearbeitung für Deutschland
Verlag an der Ruhr
Mülheim an der Ruhr
www.verlagruhr.de

Geeignet für die Klassen 1–4

Unser Beitrag zum Umweltschutz
Wir sind seit 2008 ein ÖKOPROFIT®-Betrieb und setzen uns damit aktiv für den Umweltschutz
ein. Das ÖKOPROFIT®-Projekt unterstützt Betriebe dabei, die Umwelt durch nachhaltiges
Wirtschaften zu entlasten.
Unsere Produkte sind grundsätzlich auf chlorfrei gebleichtes und nach Umweltschutz-
standards zertifiziertes Papier gedruckt.

Ihr Beitrag zum Schutz des Urhebers
Das Werk und seine Teile sind urheberrechtlich geschützt. Jede Verwendung in anderen als
den gesetzlich zugelassenen Fällen bedarf der vorherigen schriftlichen Einwilligung des
Verlages. Im Werk vorhandene Kopiervorlagen dürfen vervielfältigt werden, allerdings nur
für jeden Schüler der eigenen Klasse/des eigenen Kurses. Die Weitergabe von Kopiervorlagen
oder Kopien an Kollegen, Eltern oder Schüler anderer Klassen/Kurse ist nicht gestattet.
Bitte beachten Sie die Informationen unter **schulbuchkopie.de**.
Der Verlag untersagt ausdrücklich das digitale Speichern und Zurverfügungstellen dieses
Buches oder einzelner Teile davon im Intranet (das gilt auch für Intranets von Schulen und
Kindertagesstätten), per E-Mail, Internet oder sonstigen elektronischen Medien. Kein Verleih.
Zuwiderhandlungen werden zivil- und strafrechtlich verfolgt.

© Verlag an der Ruhr 2003
ISBN 978-3-86072-715-7

Printed in Germany

Inhaltsverzeichnis

Wochentage 7
Vokabeln, Die Wochentage, Wochentage-Spiel, Rap zur Vertiefung, Wochentage-Blatt,
Vokabelkarten

Monate und Jahreszeiten 13
Vokabeln, Monatskalender, Geburtstags-Spiel, Jahreszeiten, Monate-Blatt, Vokabelkarten

Zahlen 21
Vokabeln, Kalenderzahlen, Zahlenbingo, Briefkasten-Spiel, Zahlen-Spiel,
„Frosch, hüpf!"-Spiel, Zahlen-Blatt, Vokabelkarten

Farben 37
Vokabeln, Farbenbingo, Farbensuch-Spiel, Farbdrehscheibe, Farben-Blatt, Vokabelkarten

Wetter 47
Vokabeln, Wetterbilder, Wetterbericht, Wetter-Blatt, Vokabelkarten

Körperteile 53
Vokabeln, Das "Simon says"-Spiel, Das "Head, Shoulders, Knees and Toes"-Spiel,
Mister Yellow, Drehscheiben-Spiel, Meine englische Puppe, Körperteile-Blatt,
Vokabelkarten

Kleidungsstücke 65
Vokabeln, Kleidungsstücke für die Tafel, Anziehpuppen, Kostümkiste, "Mother, may I?",
Kleidungsstücke-Blatt, Vokabelkarten

Nahrungsmittel 73
Vokabeln, Nahrungsmittel für die Tafel, Englisches Restaurant-Spiel, Englisches Picknick,
Eine englische Spezialität, Nahrungsmittelbingo, Koche ein Essen, Nahrungsmittel-Blatt,
Vokabelkarten

Tiere 87
Vokabeln, Tierbilder für die Tafel, Unser Zoo, Tierlaute: "Old MacDonald", Tierhandpuppen,
Tier-Blatt, Vokabelkarten

Familienmitglieder 95
Vokabeln, Familienmitglieder für die Tafel, Märchenstunde, Fototag, Familien-Blatt,
Vokabelkarten

Fortbewegungsmittel 103
Vokabeln, Collage, Werkstatt, Fortbewegungsmittel-Blatt, Vokabelkarten

Orte 109
Vokabeln, Rate den Ort, Orte-Blatt, Vokabelkarten

Wichtige Sätze 117
Vokabeln, Wichtige Sätze, Vokabelkarten

Literatur 121

Vorbemerkung

Dieses Buch wurde für alle Lehrer* geschrieben, die nach spielerischen Grundlagen für erste Englischstunden mit Herz und Verstand suchen.

„A Bit of Everything" enthält dreizehn Einheiten. Jede Einheit beginnt mit einer deutsch-englischen Vokabelliste der einzuführenden Begriffe. Am Ende der einzelnen Einheiten sind Vokabelkarten abgedruckt. Diese Karten können Sie vergrößern, kopieren, zusammenkleben und laminieren. Mit ihnen ist eine Wiederholung und Sicherung der gelernten Wörter immer spontan möglich.

Am Ende einer Einheit finden Sie ebenfalls kopierfertige Arbeitsblätter mit Aufgaben zur Vertiefung der zuvor gelernten Vokabeln. Mit diesen Arbeitsblättern arbeiten die Kinder selbstständig in der Klasse oder zu Hause. Die fertigen Blätter heften die Kinder anschließend zu einem Miniarbeitsbuch zusammen.

Führen Sie eine Fremdsprache mit diesem sehr handlungsorientierten Ansatz ein, legen die Schüler schnell ihre Hemmungen ab und wenden die neu erlernten Wörter wie selbstverständlich an.

* Aus Gründen der besseren Lesbarkeit haben wir in diesem Buch durchgehend die männliche Form verwendet. Natürlich sind damit auch immer Frauen und Mädchen gemeint, also Lehrerinnen, Schülerinnen etc.

Wochentage

Vokabeln Montag — Monday
Dienstag — Tuesday
Mittwoch — Wednesday
Donnerstag — Thursday
Freitag — Friday
Samstag — Saturday
Sonntag — Sunday

Die Wochentage

Die englischen Begriffe für die Wochentage können Sie im Unterricht auf unterschiedliche Art und Weise einführen.
Eine einfache Methode ist, den Klassenkalender oder Stundenplan in den Englischunterricht mit einzubeziehen. Bedecken Sie einfach die deutschen Wochentage mit den englischen Vokabelkarten.
Die Kinder lesen die englischen Begriffe vor und übersetzen sie anschließend ins Deutsche. Haben Sie keine Möglichkeit, die Vokabelkarten an ihrem Klassenkalender oder Stundenplan anzubringen, können Sie auch einen Wochentage-Kalender anfertigen (vgl. Monatskalender S. 14).

Wochentage-Spiel

Auch mit lustigen Spielen können Sie die englischen Wochentage zum Thema der Stunde machen. Schreiben Sie dazu die englischen Begriffe auf Pappschilder. Machen Sie Löcher an die beiden Enden einer Seite, sodass die Kinder die Schilder mit einem Band um den Hals hängen können. Bilden Sie eine Gruppe aus acht Kindern. Sieben der Kinder tragen ein Pappschild mit einem Wochentag. Das Kind ohne Schild bekommt die Aufgabe, seine Mitschüler in der richtigen Reihenfolge aufzustellen und die Wochentage anschließend auf Englisch aufzusagen.

Rap zur Vertiefung

Die Kinder finden die Rhythmen für die einzelnen Wochentage. Ein Kind klatscht die Silben des Wortes Montag, das nächste Kind klatscht die Silben des Wortes Dienstag und so weiter. Auf diese Weise werden die neuen Vokabeln und ihre Aussprache auf spielerische Weise wiederholt und vertieft. Vielleicht entsteht aus den einzelnen Rhythmen sogar ein peppiger Klassen-Wochentage-Rap?

Wochentage-Blatt

Name: _____

In der linken Spalte sind die Wochentage aufgeführt. Male in die rechte, freie Spalte, was du an diesem Tag gerne machen möchtest.

Zeige die Zeichnungen deinen Mitschülern, und benutze beim Erklären der Bilder die englischen Wochentage.

Monday	
Tuesday	
Wednesday	
Thursday	
Friday	
Saturday	
Sunday	

Vokabelkarten

Monday	**Tuesday**
Wednesday	**Thursday**
Friday	**Saturday**
Sunday	

Vokabelkarten

Dienstag	**Montag**
Donnerstag	**Mittwoch**
Samstag	**Freitag**
	Sonntag

Monate und Jahreszeiten

Vokabeln

Januar	January
Februar	February
März	March
April	April
Mai	May
Juni	June
Juli	July
August	August
September	September
Oktober	October
November	November
Dezember	December
Frühling	spring
Sommer	summer
Herbst	autumn
Winter	winter

Monatskalender

Wie die Vokabeln der Wochentage, so können Sie auch die englischen Monatsnamen für den Klassenkalender verwenden. Bedecken Sie einfach die deutschen Monatsnamen mit den englischen Vokabeln. Eine andere Möglichkeit ist, aus vergrößerten und laminierten Vokabelkarten und einer Spiralbindung einen Wandkalender herzustellen.

Auf der Vorderseite des Kalenderblattes steht der englische Begriff und verkehrt herum auf der Rückseite der deutsche. So lesen die Kinder beim Umschlagen die Übersetzung. Die Kinder können die einzelnen Karten zusätzlich mit Bildern verzieren. Den Monatskalender können Sie ebenfalls gut für das Geburtstagsspiel (Seite 14) nutzen.

Geburtstags-Spiel

Wenn Sie in Ihrem Klassenzimmer einen Geburtstagskalender haben, machen Sie ihn zu einem Teil des Englischunterrichts. Kinder lieben es, ihren Ehrentag zu feiern. Fragen Sie die Kinder nach ihrem Geburtsmonat. Die Kinder antworten natürlich auf Englisch. Falls Sie mit Kindern arbeiten, die ihren Geburtstag z. B. aufgrund ihres Alters noch nicht wissen, bringen Sie diesen vorher in Erfahrung.
Zählen Sie die Monate nun langsam auf Englisch auf. Hören die Kinder ihren Monat, stehen sie auf. Sobald Sie den nächsten Monat nennen, setzen sie sich wieder hin. Werden Sie schneller, wenn Sie die Monate ein zweites oder drittes Mal aufsagen. Sie müssen unter Umständen laut reden, da die Kinder große Begeisterung für Bewegung und Schnelligkeit zeigen können.

Variationen sind natürlich möglich. Die Kinder klatschen z.B. in die Hände, wenn sie ihren Monat hören oder sie rufen den Monatsnamen selbst noch einmal aus. Spannender, aber auch schwieriger wird es, wenn Sie die Reihenfolge der Monate verändern.

Jahreszeiten

Teilen Sie die Kinder Ihrer Klasse in vier Gruppen ein. Bauen Sie in vier verschiedenen Bereichen des Klassenraums eine Station auf. An jeder Station bringen Sie ein Schild mit dem englischen Begriff für eine der vier Jahreszeiten an. Jede Gruppe übernimmt eine Station. An ihrer Station reden die Schüler über die Freizeitaktivitäten oder Wetterbedingungen, die für ihre Jahreszeit typisch sind. Danach malt die ganze Gruppe ein Bild zu ihrem Thema, das sie anschließend der Klasse vorstellt.
Vor dieser Präsentation führen Sie den folgenden Satz ein. Diesen verwenden die Kinder später bei ihrer Bildbeschreibung.

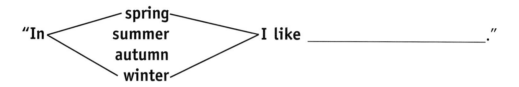

(Im Frühling/Sommer/Herbst/Winter mag ich _____.)

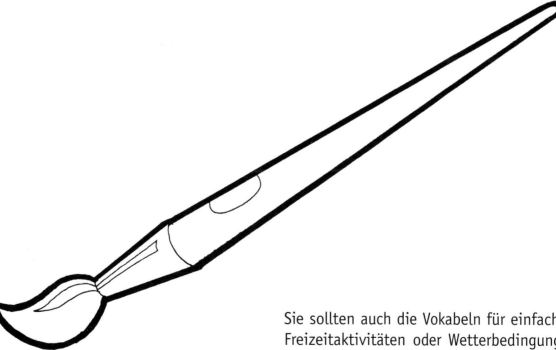

Sie sollten auch die Vokabeln für einfache Freizeitaktivitäten oder Wetterbedingungen wie *swimming, reading, iceskating, sun, clouds, rain, wind* usw. einführen oder als Bild-Schrift-Karten bereithalten, denn die Kinder sollten keine zweisprachigen Sätze bilden.

Monats-Blatt

Name: _____

Schneide die Bilder aus, und klebe sie neben den Monat,
zu dem sie am besten passen.

January	**July**
February	**August**
March	**September**
April	**October**
May	**November**
June	**December**

Vokabelkarten

January	**February**
March	**April**
May	**June**
July	**August**
September	**October**

A Bit of Everything — 17 — Monate und Jahreszeiten

Vokabelkarten

Vokabelkarten

November

December

spring

winter

autumn

summer

A Bit of Everything | 19 | Monate und Jahreszeiten

Vokabelkarten

Zahlen

Vokabeln	eins	one		elf	eleven
	zwei	two		zwölf	twelve
	drei	three		dreizehn	thirteen
	vier	four		vierzehn	fourteen
	fünf	five		fünfzehn	fifteen
	sechs	six		sechzehn	sixteen
	sieben	seven		siebzehn	seventeen
	acht	eight		achtzehn	eighteen
	neun	nine		neunzehn	nineteen
	zehn	ten		zwanzig	twenty

Kalenderzahlen

Greifen Sie auf den Klassenkalender zurück, wenn Sie die englischen Zahlen durchnehmen. Die Kinder freuen sich über jede Abwechslung im Unterricht. Lassen Sie die Kinder z.B. die Kalenderzahlen bis zu dem aktuellen Datum auf Englisch aufsagen.

Oder lesen Sie die Zahlen vom aktuellen Datum bis zum Ersten des Monats zusammen rückwärts.
Natürlich können Sie auch ein Kind, das Miss oder Mister Number genannt wird, das Aufsagen leiten lassen.

Zahlenbingo

Teilen Sie Ihre Klasse in Gruppen von maximal fünf Kindern auf. Kopieren Sie die vier Bingokarten, die auf den Seiten 23 und 24 abgedruckt sind. Verteilen Sie jeweils vier verschiedene Karten in jeder Gruppe. Jedes Kind bis auf eines sollte eine andere Bingokarte haben. Das Kind ohne Karte ist der Spielleiter. Dieser bekommt einen Behälter mit Tischtennisbällen oder Papierzetteln, auf denen die Zahlen von 1–9 stehen (für die Bälle kann man einen wasserfesten Stift verwenden). Die Kinder mit den Bingokarten erhalten bunte Spielsteine oder -plättchen, um die Zahlen abdecken zu können, die der Spielleiter später nennt.

Der Spielleiter zieht nun aus dem Behälter eine Zahl und sagt diese auf Englisch. Den gezogenen Ball oder Papierzettel legt er nicht wieder in den Behälter zurück. Das Kind, das zuerst eine diagonale, senkrechte oder waagerechte Reihe mit drei gezogenen Zahlen bedeckt hat, ruft „Bingo" und hat gewonnen. Das Kind liest die drei Gewinnzahlen dann zur Kontrolle noch einmal auf Englisch vor. Der Spielleiter kann natürlich mehrmals gewechselt werden.
Sie können das Spiel auch mit größeren Gruppen oder der ganzen Klasse spielen. Dann sollten Sie aber mehr als vier verschiedene Kartensätze haben.

Zahlenbingo

1	3	4
5	9	7
8	2	6

Zahlenbingo

8	1	5
3	6	4
9	2	7

Zahlenbingo

8	6	3
2	4	7
9	5	1

Zahlenbingo

9	3	6
2	5	7
4	1	8

Briefkasten-Spiel

Sammeln Sie zehn (bzw. 20) Schuhkartons. Schlagen Sie die Kartons in gelbes Papier ein, aber so, dass die Deckel weiterhin abnehmbar bleiben. Nummerieren Sie die Schachteln von 1 bis 10 (oder bis 20) durch. Schneiden Sie nun einen Schlitz in der Größe eines Briefumschlages in jeden Deckel. Wenn Sie möchten, kleben Sie noch ein Postlogo auf die Kartons, oder schreiben Sie „Post" darauf. Schreiben Sie auch auf jeweils einen Briefumschlag die Zahlen von 1 bis 10 (oder bis 20). Das Spiel kann beginnen. Verteilen Sie die Postkartons für das Spiel so in der ganzen Klasse, dass die Zahlen gut lesbar sind. Ein Kind spielt nun den Postboten. Das Spiel macht noch mehr Spaß, wenn dieser eine Posttasche oder eine große Botentasche bekommt.

Die Briefe werden in die Tasche gesteckt. Dann zieht der Postbote einen Brief aus seiner Tasche, ohne dabei auf die Nummer zu achten. Er hält den Brief hoch, sodass alle Kinder die Nummer sehen können. Die Kinder nennen nun auf Englisch die abgebildete Zahl, und der Briefträger bringt den Brief zu dem entsprechenden Briefkasten. Wird das Spiel wiederholt, stellen Sie die Briefkästen in einer anderen Ordnung auf.

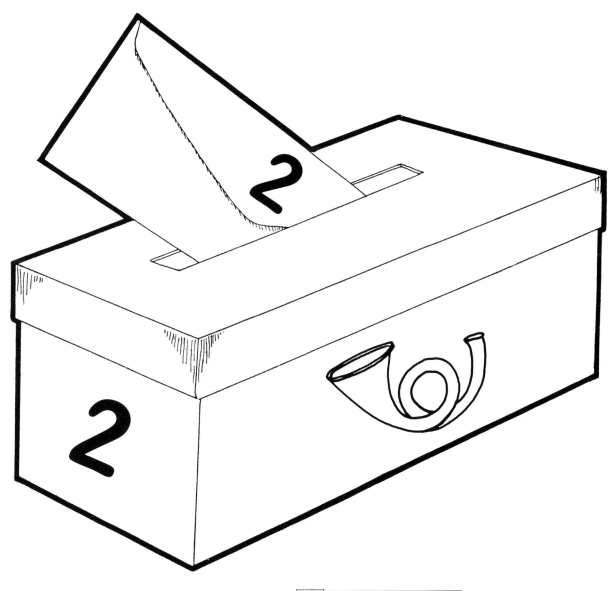

A Bit of Everything — 25 — Zahlen

Zahlen-Spiel

Kopieren Sie die Seiten 26 und 27 für die Erstellung eines Spielbretts. Wenn Sie möchten, können Sie die Kinder das Spielbrett noch ausmalen lassen. Sie haben länger etwas von diesem Spiel, wenn Sie die Kopie nun auf Pappe kleben und laminieren. Für das Spiel benötigt jedes Kind eine Spielfigur. Die Kinder würfeln und gehen

die entsprechende Anzahl an Feldern vor. Dabei zählen sie auf Englisch mit. Das Kind, das zuerst im Ziel ist, hat gewonnen. Sie können das Spiel auch ausbauen.

Versehen Sie ein paar Felder mit einem Symbol. Erreichen die Kinder so ein Feld, müssen sie eine Aufgabe lösen (z.B. ein bereits gelerntes englisches Wort buchstabieren).

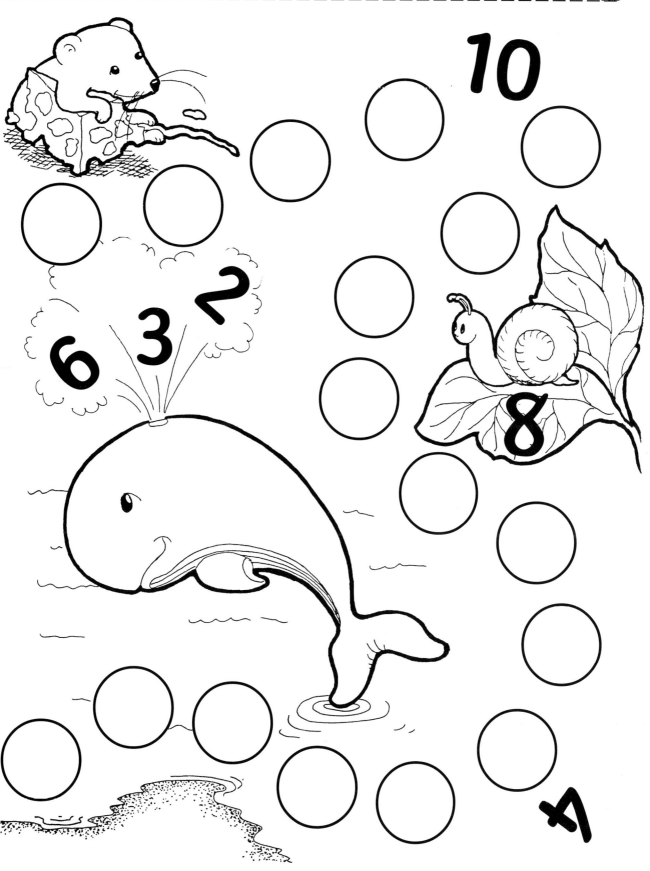

A Bit of Everything — Zahlen

„Frosch, hüpf!"-Spiel

Dieses Spiel muss gut vorbereitet werden. Vergrößern Sie das Seerosenblatt auf Seite 31, sodass zwei Kinderfüße darauf Platz haben, und kopieren Sie es zehnmal. Die Kinder schneiden die Seerosenblätter aus und malen sie an. Dann schreiben Sie jeweils eine der Zahlen von 1–10 auf die Blume in der Mitte des Seerosenblattes. Kleben Sie die Seerosenblätter anschließend auf Pappe, und laminieren Sie diese, dann haben Sie länger etwas davon. Benutzen Sie die abgedruckten Kopiervorlagen für zwei Froschflossen und eine Froschmaske. Beide Kopiervorlagen sollten ebenfalls noch vergrößert werden. Kleben Sie die ausgeschnittenen Flossen und die Maske auf Filz oder Pappe, um sie haltbarer zu machen. Wenn alles vorbereitet ist, kann das Spiel beginnen. Die Kinder befestigen die Seerosenblätter im Raum verteilt auf dem Boden. Die Blätter sollten immer so weit voneinander entfernt aufgeklebt werden, dass ein Kind gut von einem zum anderen springen kann.

Ein Kind verkleidet sich als Frosch. Der Frosch hüpft nun immer auf das jeweilige Seerosenblatt, dessen Zahl von Ihnen oder den Kindern auf Englisch genannt wurde. Eine Spielvariation ist, den Frosch selbst entscheiden zu lassen, auf welches Seerosenblatt er springt. Die Kinder rufen dann immer die Zahl auf Englisch aus, auf die der Frosch gesprungen ist. Die Froschrolle können natürlich mehrere Kinder ausprobieren. Mit viel Bewegung und Begeisterung lernen die Kinder bei diesem Spiel schnell die englischen Zahlen.

Kopieren Sie die Flosse auf Seite 29 zweimal. Lochen Sie diese wie auf der Kopiervorlage. Befestigen Sie Schnüre, sodass die Flossen von den Kindern am Fuß getragen werden können.
Lochen Sie die Maske auf Seite 30 wie auf der Kopiervorlage. Befestigen Sie Schnüre, sodass die Kinder sie vor dem Gesicht tragen können. Auch die Löcher für die Augen dürfen nicht fehlen!

„Frosch, hüpf!"-Spiel

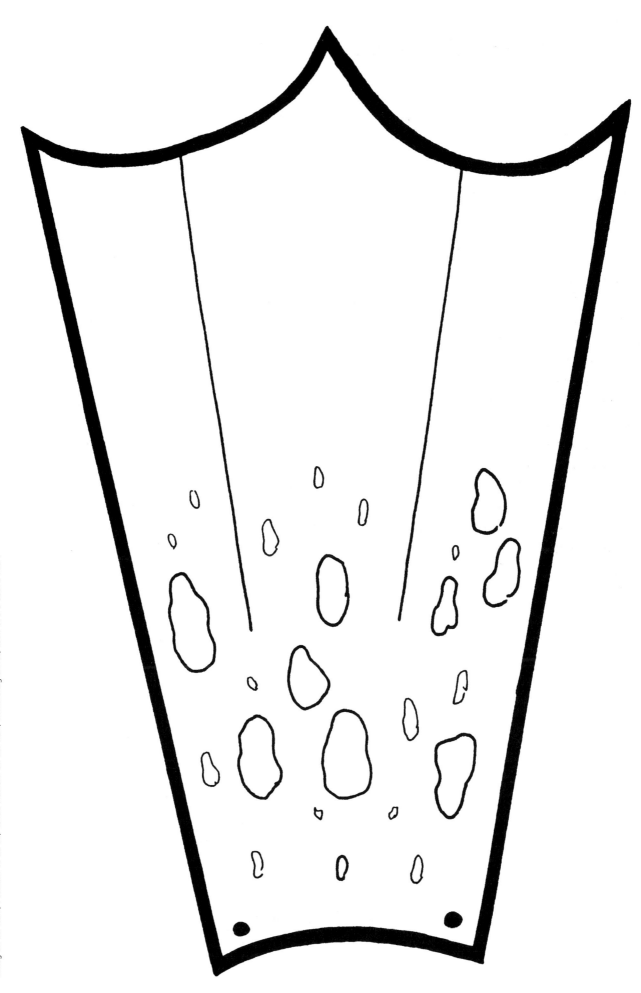

„Frosch, hüpf!"-Spiel

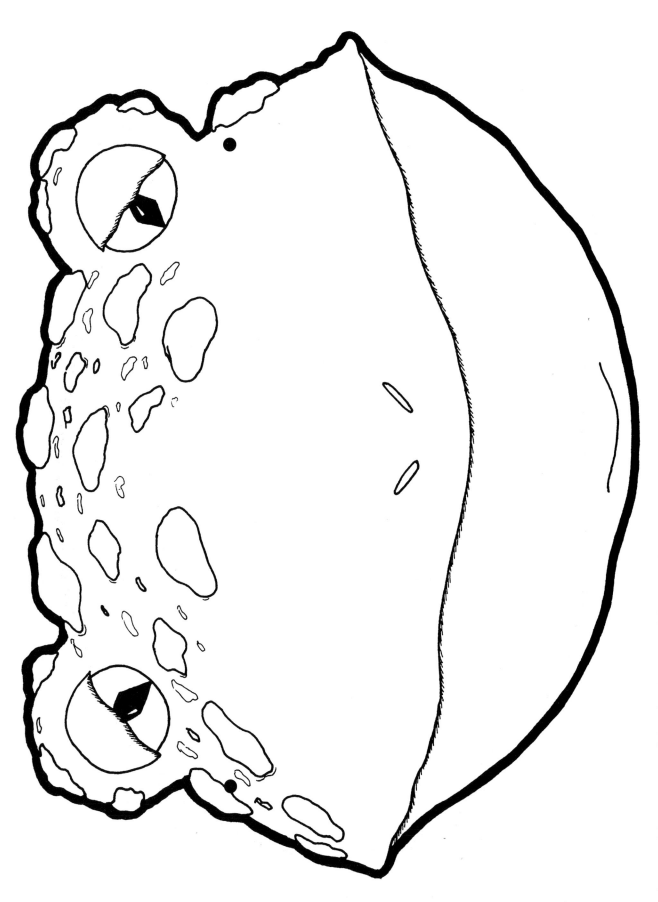

„Frosch, hüpf!"-Spiel

Zahlen-Blatt

Name: _____

Zeichne eine Linie von jeder englischen Zahl zu dem dazugehörigen Bild. Male die Bilder aus.

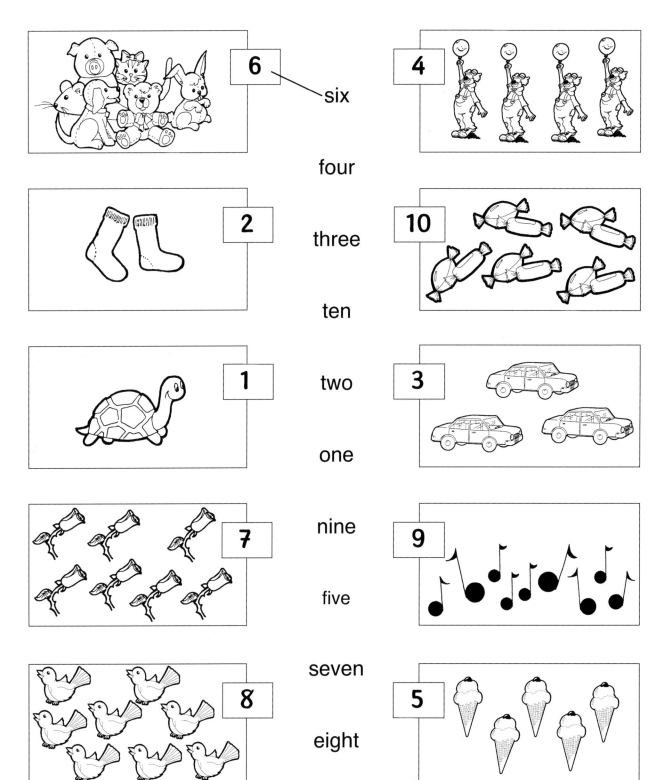

Vokabelkarten

one	**two**
three	**four**
five	**six**
seven	**eight**
nine	**ten**

Vokabelkarten

2 zwei	**1** eins
4 vier	**3** drei
6 sechs	**5** fünf
8 acht	**7** sieben
10 zehn	**9** neun

Vokabelkarten

eleven	twelve
thirteen	fourteen
fifteen	sixteen
seventeen	eighteen
nineteen	twenty

Vokabelkarten

12 zwölf	**11** elf
14 vierzehn	**13** dreizehn
16 sechzehn	**15** fünfzehn
18 achtzehn	**17** siebzehn
20 zwanzig	**19** neunzehn

Farben

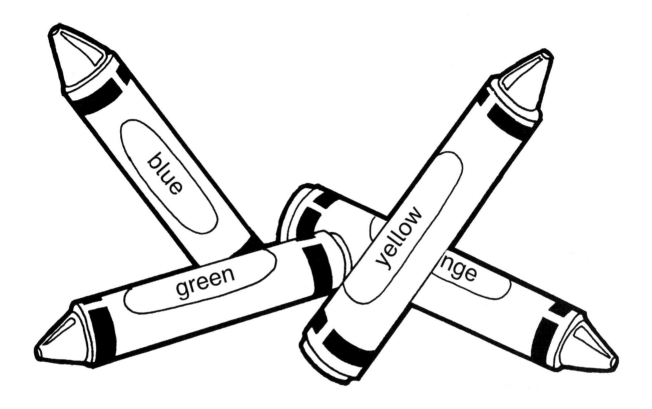

Vokabeln

rot	red
grün	green
orange	orange
gelb	yellow
blau	blue
lila	purple
schwarz	black
weiß	white
rosa	pink
braun	brown

A Bit of Everything — Farben

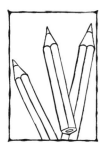

Farbenbingo

Teilen Sie Ihre Klasse in Gruppen von maximal sechs Kindern auf. Kopieren Sie die fünf Bingokarten auf den Seiten 38, 39 und 40. Die Kinder malen nun die Farbfelder auf den Karten in den entsprechenden Farben aus. Kleben Sie die Kopien auf Pappe, und laminieren Sie diese, dann haben Sie länger etwas von den Bingokarten. Kopieren Sie ebenfalls die Kreise auf der Seite 41. Diese werden ebenfalls ausgeschnitten und in den verschiedenen Farben ausgemalt. Die Farbkreise kommen nun in einen undurchsichtigen Behälter. Verteilen Sie nun jeweils fünf verschiedene Bingokarten in jeder Gruppe. Jedes Kind, bis auf eines, erhält eine andere Karte. Das Kind ohne Karte ist der Spielleiter. Dieser bekommt den Behälter mit den Farbkreisen.

Die Kinder mit den Bingokarten bekommen Spielfiguren oder -plättchen, um die Bingofelder abdecken zu können, die der Spielleiter später nennt. Der Spielleiter zieht nun nacheinander jeweils einen Farbkreis aus dem Behälter und sagt das englische Wort für die Farbe. Die Farbkreise legt er nicht wieder in den Behälter zurück. Das Kind, das zuerst eine diagonale, senkrechte oder waagerechte Reihe mit drei gezogenen Farben bedeckt hat, ruft „Bingo" und hat gewonnen. Das Kind liest die drei Gewinnfarben dann zur Kontrolle noch einmal auf Englisch vor.

Das Spiel kann auch mit größeren Gruppen oder der ganzen Klasse gespielt werden. Dann benötigen Sie allerdings mehr als fünf verschiedene Kartensätze.

Farbenbingo		
red	black	blue
orange	yellow	purple
green	white	brown

Farbenbingo

red	black	yellow
white	brown	orange
blue	green	pink

Farbenbingo

black	blue	orange
yellow	brown	green
white	purple	red

Farbenbingo

green	purple	brown
orange	white	black
yellow	blue	red

Farbenbingo

blue	black	yellow
brown	purple	red
pink	green	orange

Farbenbingo

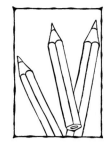

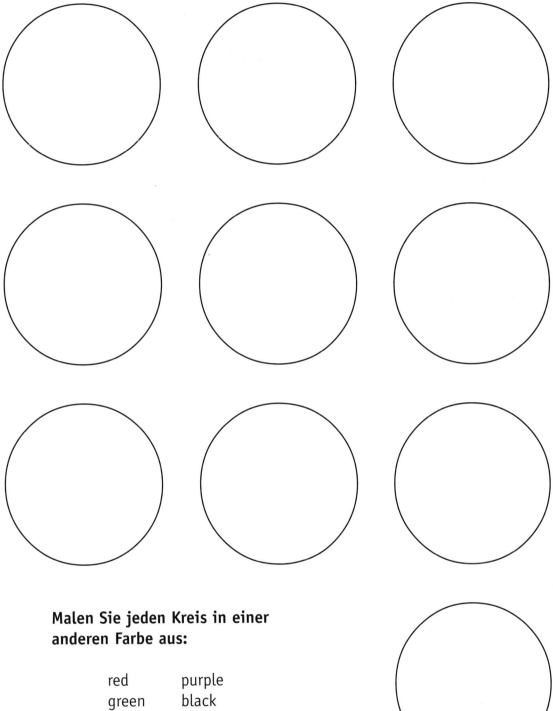

Malen Sie jeden Kreis in einer anderen Farbe aus:

red	purple
green	black
orange	white
yellow	pink
blue	brown

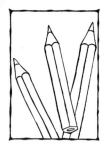

Farbensuch-Spiel

Machen Sie von dem Bären und seinem Hemd jeweils acht Kopien. Malen Sie sowohl die Hosen der Bären als auch die einzelnen Hemden jeweils in einer dieser Farben an: Blau, Rot, Grün, Gelb, Weiß, Schwarz, Orange und Lila. Wenn Sie die Bären und ihre Hemden auf Pappe kleben und sie zusätzlich laminieren, erhöhen Sie ihre Lebensdauer.

Für das Spiel bekommen acht Kinder einen Bären. Diese verlassen damit den Klassenraum und warten draußen. Acht weitere Kinder bekommen nun ein Hemd. Jetzt kommen die Kinder mit den Bären wieder herein. Ihre Aufgabe ist es, das farblich passende Hemd zu ihren Bären zu finden. Natürlich dürfen die Hemden nicht gezeigt werden. Die Kinder mit den Bären fragen die acht Kinder nach der Farbe ihres Hemdes. Alle Spieler verwenden natürlich nur die englischen Begriffe. Hat ein Kind das entsprechende Bärenhemd gefunden, sagt es die Farbe auf Englisch und setzt sich auf seinen Platz. Die Kinder suchen so lange, bis alle ihre Hemden gefunden haben.

Farbdrehscheibe

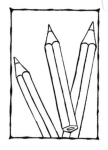

Auf der unten abgedruckten Farbdrehscheibe stehen die englischen Begriffe für acht Farben. Zudem sind jeweils farblich passende Objekte abgebildet. Kopieren Sie die Scheibe, kleben Sie sie auf einen Karton, und malen Sie die Bilder in der jeweiligen Farbe an. Schneiden Sie den Drehpfeil aus, und verstärken Sie ihn mit Pappe.

Befestigen Sie den Pfeil mit einer Musterbeutelklammer in der Mitte der Scheibe. Die Kinder drehen nun den Pfeil und nennen die Farbe auf Englisch, auf die der Pfeil zeigt.

Das Spiel wird schwieriger, wenn Sie die englischen Farbbegriffe vor dem Kopieren z. B. mit Tipp-Ex® entfernen.

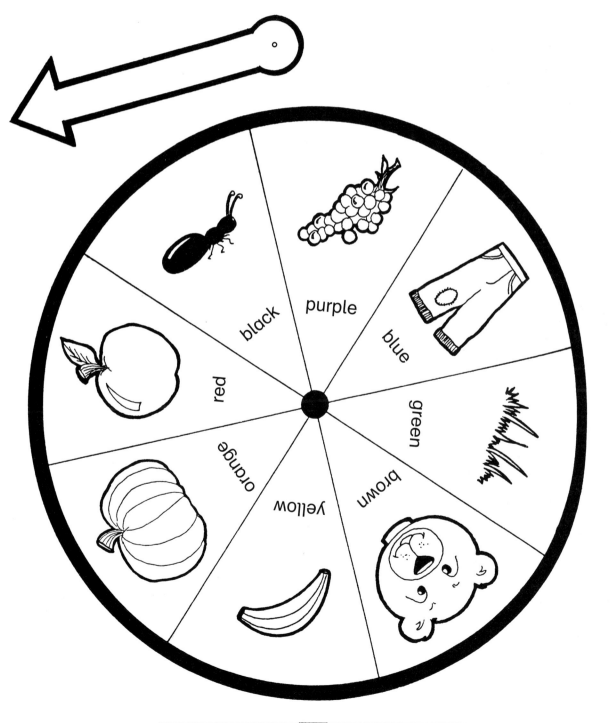

Farben-Blatt

Name: _____

Male die Farbstifte mit der richtigen Farbe an. Ziehe dann eine Linie von einem Stift zu dem passenden Bild auf der linken Seite.

Vergleiche deine Ergebnisse mit einem Mitschüler. Nennt beim Besprechen nur die englischen Worte für die Farben.

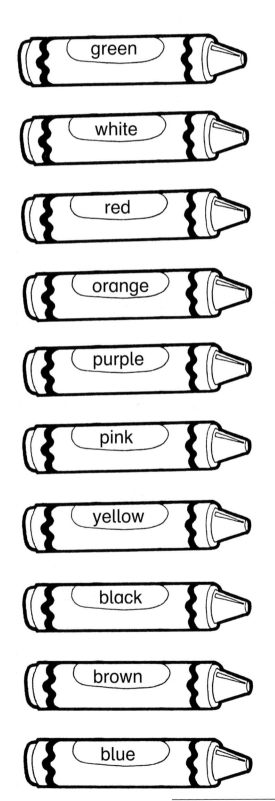

A Bit of Everything 44 Farben

Vokabelkarten

red	yellow
green	blue
orange	purple
white	black
pink	brown

A Bit of Everything 45 Farben

Vokabelkarten

Wetter

Vokabeln
Es ist sonnig.	It is sunny.
Es ist warm.	It is warm.
Es ist heiß.	It is hot.
Es ist bewölkt.	It is cloudy.
Es ist kühl.	It is cool.
Es regnet.	It is raining.
Es ist kalt.	It is cold.
Es schneit.	It is snowing.
Es ist windig.	It is windy.
Es ist schlecht.	It is bad.
Es ist schön.	It is nice.

Wetterbilder

Die unten abgebildeten Wettersymbole können Sie für unterschiedliche Angebote nutzen. Zum einen können Sie die Symbole für die Klassenraumdekoration verwenden. Vergrößern Sie dafür die Bilder, und kleben Sie sie auf feste Pappe.
Hängen Sie die Wettersymbole mit Schnüren an die Decke oder befestigen Sie sie an den Wänden. Fragen Sie die Kinder nun jeden Tag nach dem aktuellen Wetter.
Die Kinder antworten auf Englisch und zeigen dabei auf das passende Bild (siehe auch „Wetterbericht" auf Seite 49).
Zum anderen können Sie aus den Wettersymbolen Magnetbilder für die Tafel gestalten. Dazu kopieren und laminieren Sie die Symbole. Dann kleben Sie auf die Rückseite einen kleinen Magneten.
Zusammen mit den Magnetbildern aus den folgenden Einheiten können die Kinder dann handelnd mit diesen Wettersymbolen arbeiten.

It is raining.

It is sunny.

It is cloudy.

It is snowing.

Wetterbericht

Fragen Sie die Kinder täglich nach dem Wetterbericht. Dies ist eine spielerische und abwechslungsreiche Methode, um die neuen englischen Vokabeln zu vertiefen.

Am besten besorgen Sie sich eine kleine weiße Kunststofftafel, auf die Sie mit wasserlöslichem Stift die unten abgedruckten Sätze schreiben. Sie können aber auch ein weißes Pappschild beschriften und die Lücken freilassen. Die wechselnden Begriffe schreiben Sie auf Pappstücke, die Sie dann bei Bedarf auswechseln können.

In die Lücken werden die Wochentage, Monate und Jahreszeiten eingetragen oder eingeklebt. Die Kinder sagen, wie das Wetter aussieht ("It is sunny.") und wie es sich anfühlt ("It is hot.").

Today is _____. **It is** _____. **It is** _____.
  (Wochentag)   (Monat)   (Jahreszeit)

The weather: _____!
  (Wie das Wetter aussieht.)

The temperature: _____!
  (Wie sich das Wetter anfühlt.)

Die Worte für *Wetter, heute* oder *Temperatur* sollten Sie für den Wetterbericht noch zusätzlich einführen, denn die Kinder sollten keine zweisprachigen Sätze bilden.

Die Kinder werden den Wetterbericht gerne täglich aktualisieren. Mit der kontinuierlichen Wiederholung wird das Gelernte spielerisch Teil des Langzeitgedächtnisses.

Wetter-Blatt

Name: _____

Hier siehst du drei Thermometer. Unter jedem steht ein englischer Satz, der dir sagt, wie warm oder kalt es gerade draußen ist. Male aus, wie hoch das Quecksilber jeweils gestiegen oder gefallen ist.

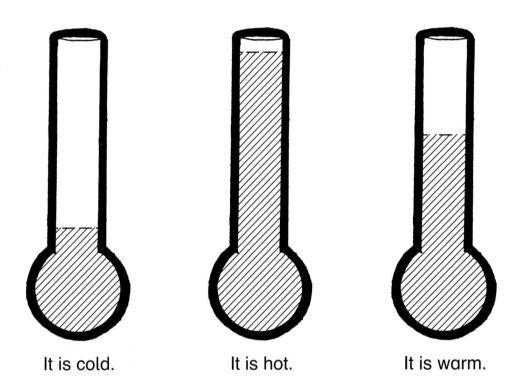

It is cold.   It is hot.   It is warm.

Male die Wetterbilder an. Besprich mit einem Mitschüler die verschiedenen Arten von Wetter. Verwende dafür nur die englischen Worte. Wie sieht das Wetter aus, und wie fühlt es sich an?

A Bit of Everything | 50 | Wetter

Vokabelkarten

It is sunny.	**It is hot.**
It is cloudy.	**It is cool.**
It is raining.	**It is cold.**
It is snowing.	**It is windy.**
It is bad.	**It is nice.**

Vokabelkarten

Es ist heiß.

Es ist sonnig.

Es ist kühl.

Es ist bewölkt.

Es ist kalt.

Es regnet.

Es ist windig.

Es schneit.

Es ist schön.

Es ist schlecht.

Körperteile

Vokabeln

das Ohr/die Ohren	ear/ears
der Mund	mouth
die Nase	nose
das Auge/die Augen	eye/eyes
die Schulter/die Schultern	shoulder/shoulders
der Arm/die Arme	arm/arms
die Hand/die Hände	hand/hands
das Bein/die Beine	leg/legs
das Knie/die Knie	knee/knees
der Fuß/die Füße	foot/feet
die Haare	hair

Das "Simon says"-Spiel

"Simon says" ist ein zeitloses Kinderspiel aus dem englischsprachigen Raum, mit dem Sie sehr gut die neuen Vokabeln für die Körperteile einführen können. Zu Beginn sollten Sie noch der Spielleiter sein und den Kindern durch eine kurze Demonstration zeigen, welche Spielbefehle sie wie nachmachen sollen. Sie sagen z.B.: "Simon says: 'Hands up!'" Bei der einfacheren Variante führen jetzt auch Sie die Bewegung aus.
Sie können auch sagen:
"Simon says: 'Hands on your ears!'" oder "Simon says: 'Hands on your knees!'" Es ist wichtig, dass Sie den Kindern erklären, was *Simon says* heißt oder was *up*, *down* und *on your* bedeutet.

Am besten schreiben Sie vor Spielbeginn alles einmal an die Tafel. Die Kinder führen alles aus, was Sie ihnen sagen und zeigen. Das Spiel wird schwieriger, wenn Sie nur noch die Anweisungen geben, ohne sie den Kindern vorzumachen. Nach einiger Zeit kann auch einmal ein Kind der Spielleiter sein.

Das "Head, Shoulders, Knees and Toes"-Spiel

Mit diesem recht bekannten Kinderlied werden einzelne Begriffe zum Thema Körperteile wiederholt und Bewegung in den Unterricht gebracht. Singen Sie das Lied erst langsam, und machen Sie den Kindern die passenden Bewegungen vor. Mit jeder Wiederholung steigern Sie das Tempo.

Nach einiger Zeit brauchen Sie die Bewegungen nicht mehr vorzumachen. Sie können das Lied zwischendurch auch einmal auf Deutsch singen.

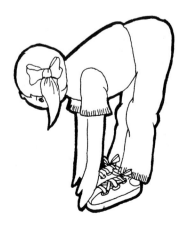

"Head, shoulders, knees and toes,
knees and toes,
head, shoulders, knees and toes,
knees and toes.
And eyes and ears and mouth and nose.
Head, shoulders, knees and toes,
knees and toes."

Mister Yellow

Mister Yellow kann bei verschiedenen Übungen und Spielen im Unterricht eingesetzt werden. Er lässt sich ganz einfach basteln und macht das Erlernen der Körperteile für die Kinder einfacher. Verwenden Sie zur Erstellung von Mister Yellow die Kopiervorlagen auf den Seiten 57, 58 und 59. Vergrößern Sie bei Bedarf die Körperteile der Figur. Übertragen Sie die Körperteile auf gelbe Pappe. Sie erhöhen die Lebensdauer von Mister Yellow, wenn Sie die einzelnen Körperteile vor dem Ausschneiden laminieren. Bauen Sie Mister Yellow gemeinsam mit den Kindern zusammen. Die Kinder benennen einzelne Körperteile auf Englisch, während sie Mister Yellow nach und nach zusammensetzen. Sie befestigen die Arme, Beine, Füße und den Kopf mit Musterbeutelklammern. Alles andere kleben sie zusammen. Auf die Rückseite der Figur schreiben Sie die englischen Begriffe. So können die Kinder ihr Wissen später selber kontrollieren und machen sich mit der Schreibweise vertraut.

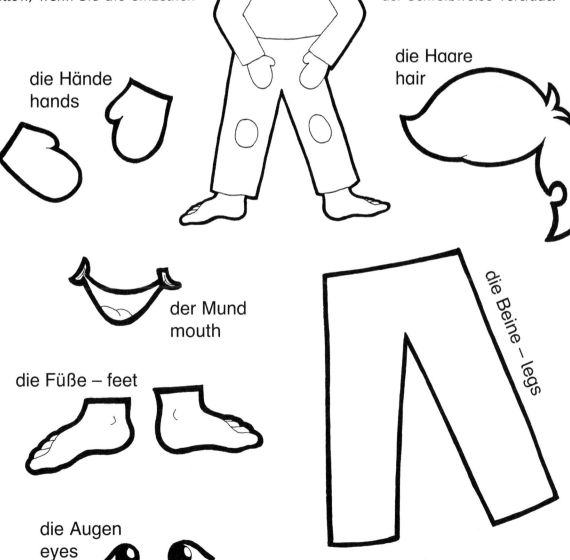

die Hände – hands
die Haare – hair
der Mund – mouth
die Füße – feet
die Beine – legs
die Augen – eyes

A Bit of Everything | 55 | Körperteile

Die Körperteile von Mister Yellow

die Haare – hair
der Kopf – head
die Augen – eyes
die Ohren – ears
der Mund – mouth
die Nase – nose
die Schultern – shoulders
die Arme – arms
die Hände – hands
die Knie – knees
die Beine – legs
die Füße – feet

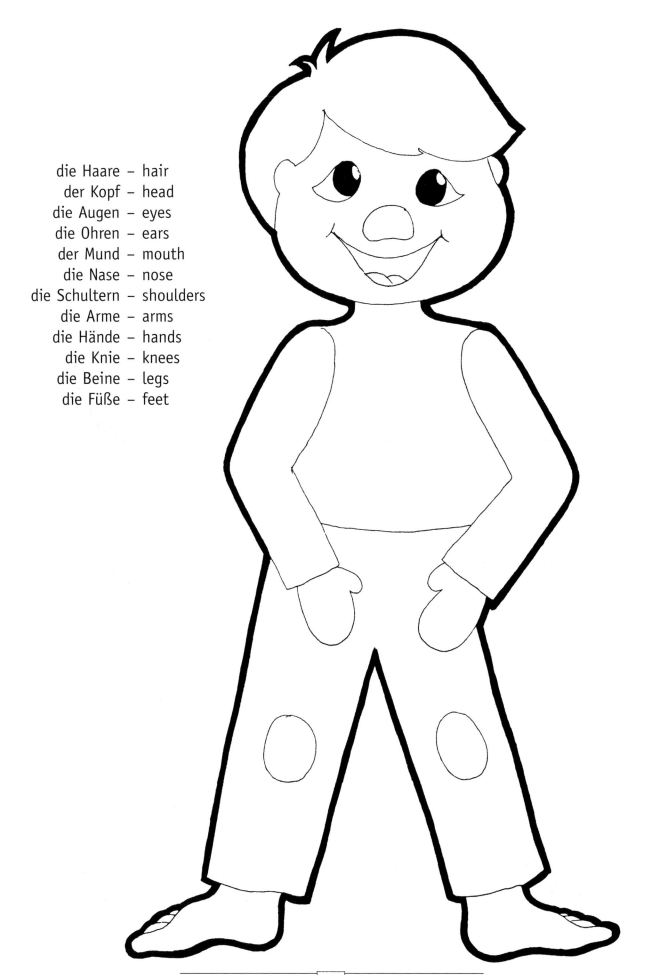

Mister Yellow Körperteile

der Kopf – head die Haare – hair

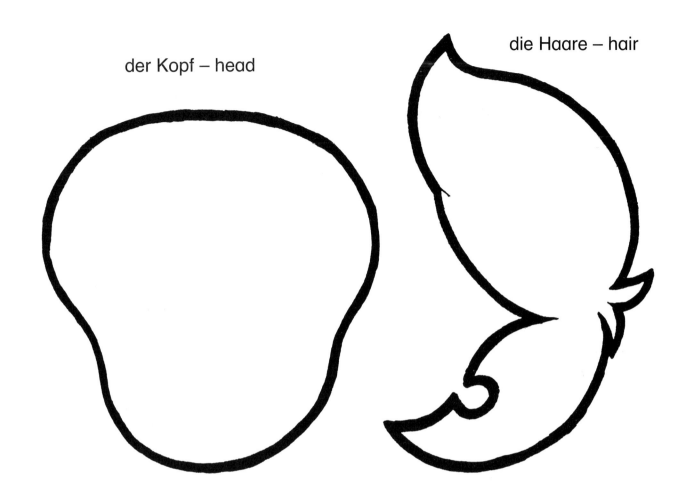

der Mund – mouth

die Nase – nose

die Augen – eyes

die Ohren – ears

Mister Yellow Körperteile

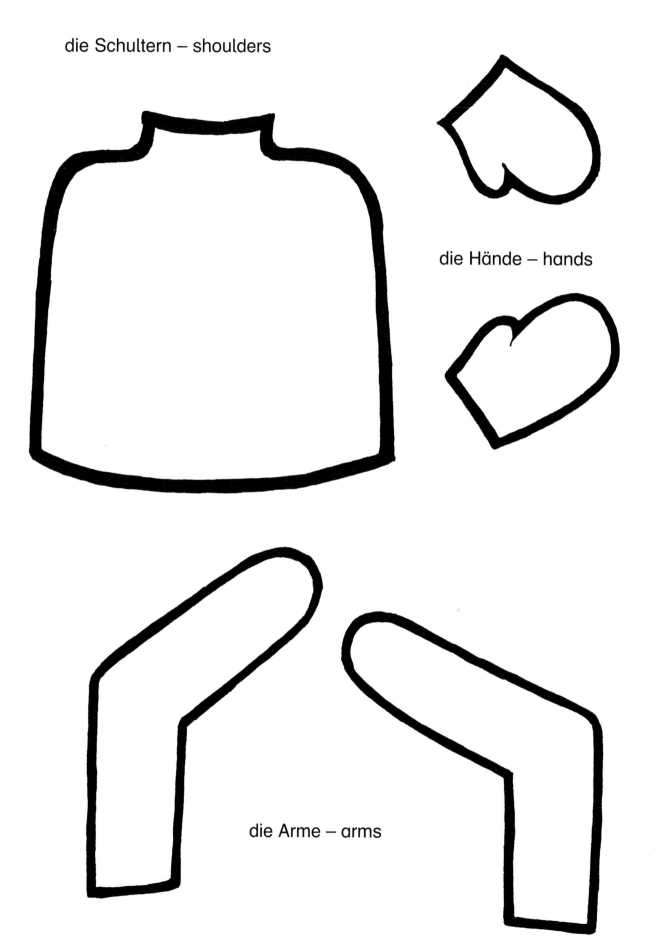

die Schultern – shoulders

die Hände – hands

die Arme – arms

Mister Yellow Körperteile

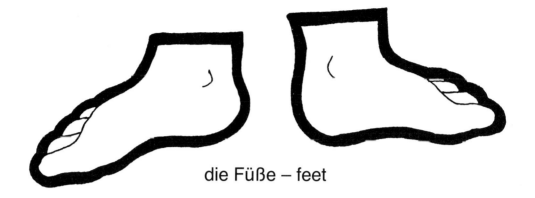

die Füße – feet

die Beine – legs

die Knie – knees

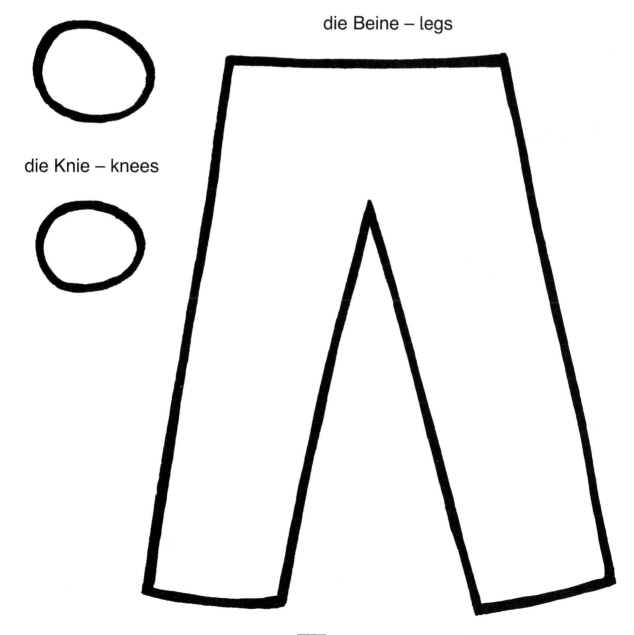

Drehscheiben-Spiel

Verwenden Sie die unten abgedruckte Kopiervorlage, um eine Drehscheibe zu basteln. Vergrößern Sie die Drehscheibe und den Pfeil, und kleben Sie beides auf feste Pappe, die Sie nach Möglichkeit auch laminieren sollten. Befestigen Sie den Pfeil mit einer Musterbeutelklammer in der Scheibenmitte. Schneiden Sie die Vokabelkarten für die Körperteile von Seite 63/64 aus, und laminieren Sie auch diese.
Das Spiel kann beginnen. Ein Kind dreht den Pfeil, sagt die englische Zahl und zieht dann eine Vokabelkarte. Es nennt den englischen Begriff und zeigt dabei auf das entsprechende Körperteil. Jetzt denkt sich das Kind eine Bewegung aus, bei der dieses Körperteil vorkommt. Diese Bewegung wird von den anderen Kindern so oft ausgeführt, wie die Zahl auf der Drehscheibe vorgibt.

Beispiel: Die Drehscheibe zeigt auf vier und auf der Vokabelkarte steht *head*. Das Kind nennt beide Begriffe und zeigt auf seinen Kopf. Dann bittet es die anderen Kinder, viermal den Kopf nach hinten zu neigen. Macht das Kind die Bewegung erst einmal vor, braucht während des Spiels gar kein Deutsch gesprochen zu werden.

Meine englische Puppe

Kopieren Sie diese Seite für alle Kinder in Ihrer Klasse. Die Kinder stellen jetzt aus den einzelnen Körperteilen ihre eigene Puppe her. Sie kleben ihre Kopie auf feste Pappe, bemalen die Körperteile und schneiden sie anschließend aus. Wenn Sie die Körperteile noch zusätzlich laminieren, sind diese länger haltbar. Die Arme und Beine bringen die Kinder mit Musterbeutelklammern am Körper an. Nun darf jede Puppe ihre Körperteile benennen und vorführen. Natürlich bekommt sie dafür auch einen englischen Namen.

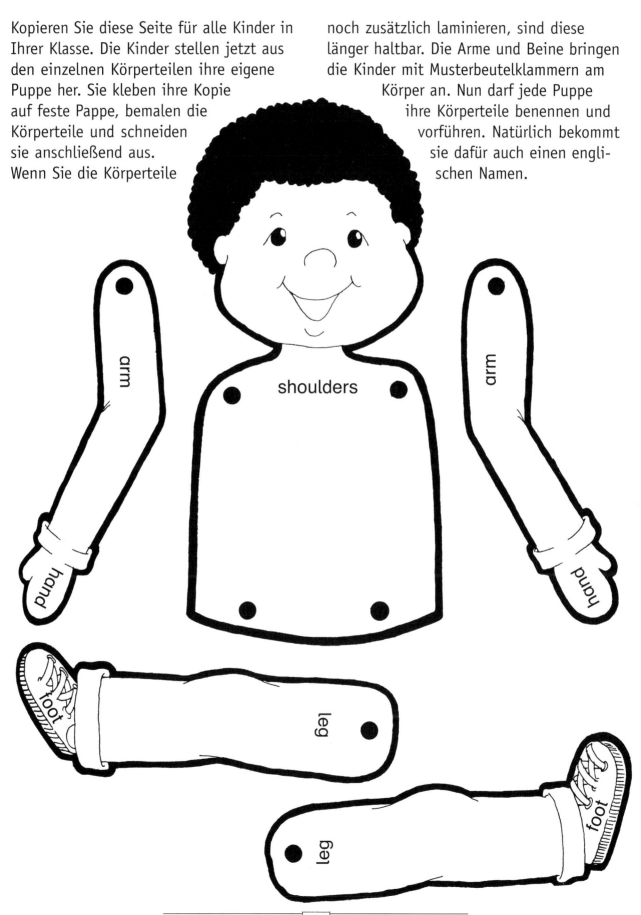

A Bit of Everything | 61 | Körperteile

Körperteile-Blatt

Name: _____

Schreibe die deutschen Begriffe für die Körperteile neben die englischen Vokabeln. Male den Jungen nun farbig aus.

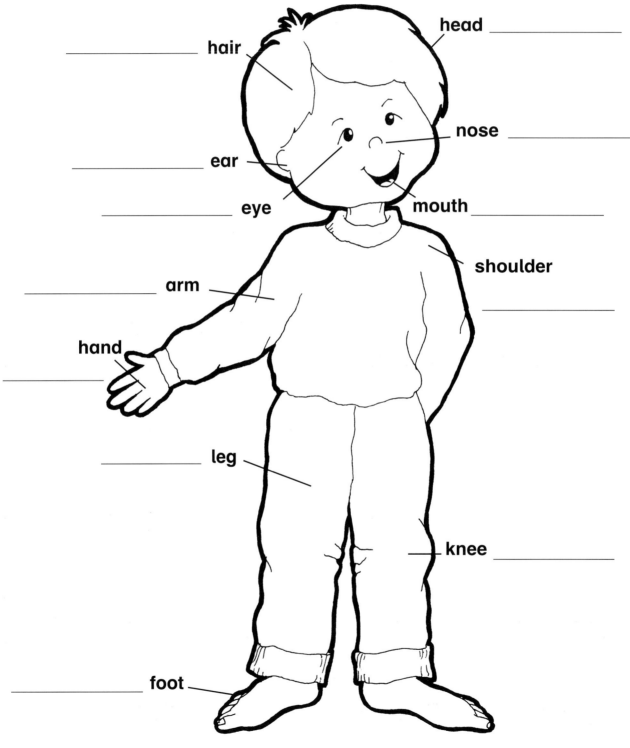

Vokabelkarten

ear/ears	mouth
nose	eye/eyes
shoulder/ shoulders	arm/arms
hand/hands	leg/legs
knee/knees	foot/feet

© Verlag an der Ruhr, Postfach 10 22 51, 45422 Mülheim an der Ruhr, www.verlagruhr.de, ISBN 978-3-86072-715-7

Vokabelkarten

 der Mund	**das Ohr/** **die Ohren** 
 **das Auge/** **die Augen**	**die Nase**
der Arm/ **die Arme**	**die Schulter/** **die Schultern**
das Bein/ **die Beine**	**die Hand/** **die Hände**
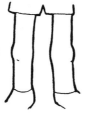 **der Fuß/** **die Füße**	**das Knie/** **die Knie**

Kleidungsstücke

Vokabeln

das Hemd	shirt
die Hose	trousers
das Kleid	dress
das T-Shirt	t-shirt
die kurze Hose	shorts
der Pullover	sweater
die Socken	socks
die Schuhe	shoes
der Hut	hat
die Jacke	jacket

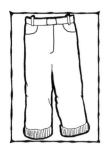

Kleidungsstücke für die Tafel

Neue Vokabeln lernen die Kinder am besten, wenn sie spielerisch mit ihnen umgehen und sie öfter wiederholen können. Dafür eignen sich Magnete für die Tafel besonders gut. Zum einen können Sie Ihre Magnetsammlung immer wieder erweitern. Zum anderen kommen die Schüler gerne an die Tafel, wenn sie handelnd etwas zeigen oder erklären können. Kopieren Sie die Kleidungsstücke auf den Seiten 66 und 67. Eventuell vergrößern Sie diese noch, dann können die Kinder die Gegenstände von weitem besser erkennen.

Kleben Sie die Kopien auf Pappe, laminieren Sie diese, und bringen Sie auf der Rückseite einen kleinen Magneten an. Jetzt können Sie alle Kleidungstückmagnete an die Tafel heften. Die Kinder schreiben nun z.B. die englischen Begriffe mit Kreide daneben. Oder Sie zeichnen die Umrisse der Mädchen- und Jungen-Anziehpuppen an die Tafel, und die Kinder kleiden diese nun nach Belieben ein. Dabei benennen die Kinder jedes einzelne Kleidungsstück, das sie den Puppen anziehen, mit der englischen Vokabel.

t-shirt

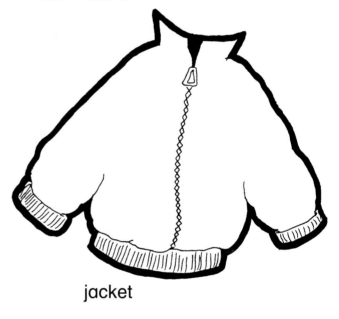

jacket

shoes

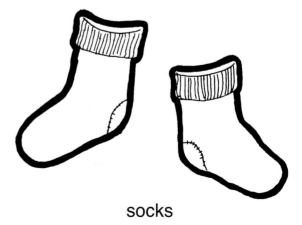

socks

Kleidungsstücke

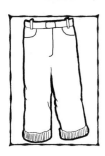

Anziehpuppen

Kopieren Sie die Anziehpuppen von dieser Seite für alle Kinder auf dickeres Papier. Lassen Sie die Kinder ihre beiden Figuren ausschneiden. Kopieren Sie auch die Kleidungsstücke von den Seiten 66 und 67 mehrmals, sodass die Kinder ihre Anziehpuppen einkleiden können. Die Kinder malen die Kleidungsstücke an und schneiden sie aus. Jedes Kind kleidet nun seine Figuren ein, indem es die ausgesuchten Kleidungsstücke an der Puppe festklebt. Nun stellen die Kinder ihre Figuren vor. Dabei nennen sie nicht nur die neuen Vokabeln für die Kleidungsstücke, sondern eventuell auch die für die Farben. Auch die Körperteile können bei dieser Übung wiederholt werden. Und natürlich bekommt jede Figur noch einen englischen Namen.

Kostümkiste

Für dieses Spiel brauchen Sie zwei Kostümkisten, die jeweils verschiedene Kleidungsstücke enthalten. Es sollten z.B. eine Hose, ein Hemd, ein Hut, ein Pullover usw. darin sein. Diese Kleidungsstücke müssen groß genug sein, sodass die Kinder sie über ihre eigene Kleidung ziehen können. Wählen Sie zwei Spieler und einen Spielleiter aus. Die beiden Spieler stehen vor jeweils einer Kiste. Der Spielleiter nennt nun ein Kleidungsstück auf Englisch. Rasch suchen die zwei Spieler das genannte Kleidungsstück aus der Kiste und ziehen es sich so schnell wie möglich an. Die Gruppe der übrigen Kinder darf das Wort beliebig oft wiederholen, um die beiden Spieler anzufeuern. Nach einer gewissen Zeit nennt der Spielleiter das nächste Kleidungsstück. Der Spieler, der zuerst die genannten Kleidungsstücke gefunden und angezogen hat, hat gewonnen. Nach drei oder vier Kleidungsstücken sollten Sie die beiden Spieler und den Spielleiter auswechseln. Beschriften Sie Schildchen mit den englischen Vokabeln, und heften Sie diese an das entsprechende Kleidungsstück. Die Kinder können die Kleidungsstücke dann auch zum Verkleiden und für Rollenspiele verwenden. So werden sie auf spielerische Weise mit den neuen Vokabeln vertraut.

"Mother, may I?"

Viele Kinder kennen das Spiel „Fischer, Fischer, wie tief ist das Wasser?" oder „Mutter, wie weit darf ich reisen?". Das folgende Spiel ähnelt diesen beiden sehr. Die neu gelernten Vokabeln zu den Themen Kleidungsstücke, Zahlen und Farben lassen sich mit "Mother, may I?" hervorragend vertiefen. Ein Kind ist die *mother* (oder der *father*). Dieses Kind stellt sich an ein Ende des Spielfelds. Alle anderen Kinder stehen auf der gegenüberliegenden Seite und schauen zur *mother* hin. Sie fragen zuerst: "Mother, may I?" Die *mother* antwortet dann z.B.: "Yes, all blue trousers."
Die Kinder fragen nun nach der Zahl der Schritte, indem sie einen Vorschlag machen: "Ten steps?" Die *mother* wiederholt dann einfach den Satz oder nennt eine andere Zahl, z.B.: "Five steps!". Jetzt gehen alle Kinder mit einer blauen Hose zehn bzw. fünf Schritte der *mother* entgegen. Das Kind, das nach mehreren Frage- und Antwortdurchgängen die *mother* erreicht hat, übernimmt deren Rolle. Vor Beginn des Spiels sollten Sie natürlich alle zusätzlichen Vokabeln einführen und in den Zusammenhang stellen (*mother/father/yes/all/steps*). Schreiben Sie Beispielsätze an die Tafel, und üben Sie mit den Kindern die richtige Aussprache ein.

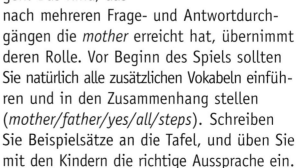

Kleidungsstücke-Blatt

Name: _____

Male die Kleidungsstücke mit einer Farbe aus. Setze dich dann mit einem Mitschüler zusammen. Dieser nennt die Kleidungsstücke auf deinem Blatt und deren Farben (zum Beispiel: "The purple shirt." = „Das lila Hemd."). Danach nennst du alle zehn Kleidungsstücke mit den entsprechenden Farben von seinem Blatt.

Vokabelkarten

shirt	socks
trousers	dress
hat	shoes
shorts	sweater
jacket	t-shirt

Vokabelkarten

Nahrungsmittel

Vokabeln

die Milch	milk	das Ei	egg
das Wasser	water	das Huhn	chicken
das Brot	bread	die Cornflakes	cereal
die Eiscreme	ice cream	der Salat	salad
die Weintrauben	grapes	der Hamburger	hamburger
der Apfel	apple	die Schokolade	chocolate
die Orange	orange	die Bonbons	candy
die Banane	banana	die Erdbeere	strawberry
der Kuchen	cake	die Kartoffel	potato
die Butter	butter	die Karotte	carrot

Nahrungsmittel für die Tafel

Mit den Nahrungsmittelbildern auf den Seiten 74, 75 und 76 können Sie Ihre Magnetsammlung erweitern. Kopieren Sie die Bilder, malen Sie sie an, und kleben Sie sie auf Pappe. Laminieren Sie die Bilder, und kleben Sie nach dem Ausschneiden jeweils einen kleinen Magneten auf die Rückseite. Die Nahrungsmittelmagneten können Sie auch für das Nahrungsmittelbingo (Seite 78) sehr gut verwenden.

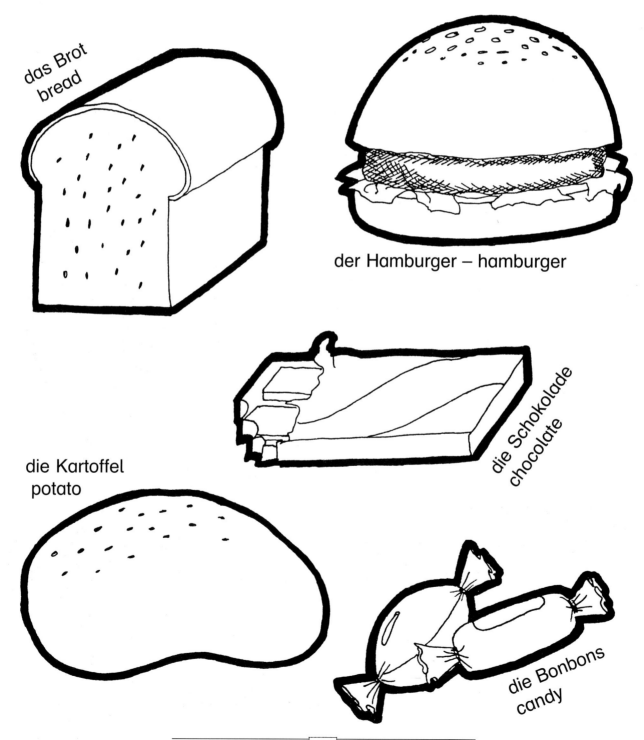

das Brot – bread

der Hamburger – hamburger

die Schokolade – chocolate

die Kartoffel – potato

die Bonbons – candy

Nahrungsmittelbilder

Nahrungsmittelbilder

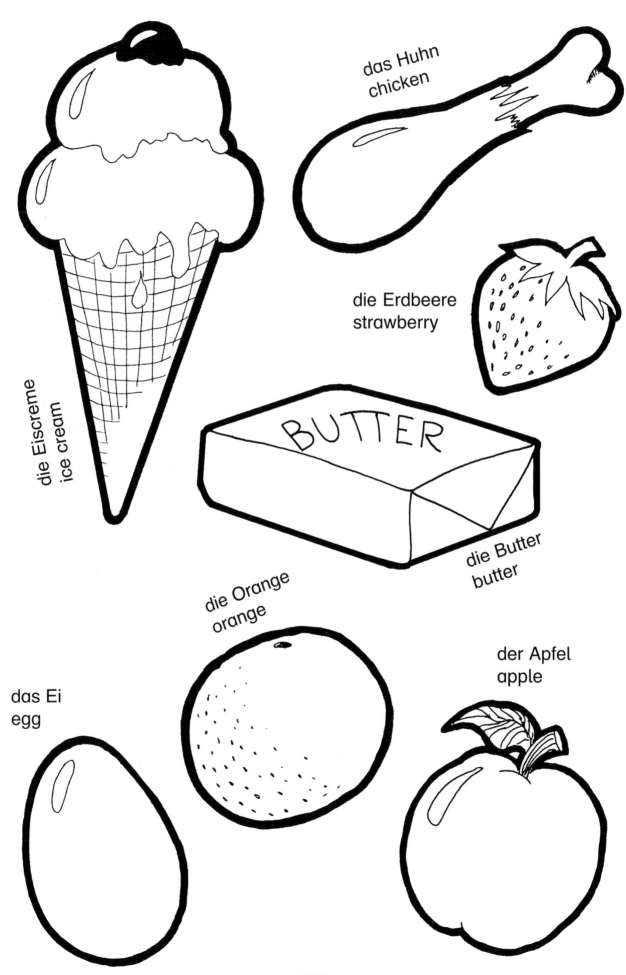

Englisches Restaurant-Spiel

Gestalten Sie mit Hilfe der Nahrungsmittelbilder auf Seite 74, 75 und 76 eine Speisekarte. Die Kinder kleben die Bilder der Nahrungsmittel auf ein Stück feste Pappe und schreiben zusätzlich die englischen Vokabeln dazu. Natürlich dürfen auf einer Speisekarte auch die Preise nicht fehlen. Bevor Sie mit dem kleinen Restaurant-Rollenspiel beginnen, sollten Sie noch einige zusätzliche Vokabeln einführen, wie z.B. *yes/no*, *waiter/waitress*, eine Begrüßungsphrase *"Good Evening!"* und natürlich *"(Good) Bye!"*, *please* für die Bestellung, *menu* für die Speisekartenaufschrift und *pound(s)*.

Bei den ersten Spielen können Sie diese Begriffe noch an die Tafel schreiben. Vier Schüler, die die neuen Vokabeln schon recht gut beherrschen, setzen sich an einen Tisch und lesen die Speisekarte. Sie rufen den Kellner *"Waiter, please!"*, und bestellen das Essen. Dafür sagen sie entweder kurze Sätze, z.B. *"Chicken, please!"*, und/oder zeigen auf das Bild. Die Nahrungsmittelmagneten können die Kinder als Nahrungsgegenstände verwenden. Nach dem Essen wird bezahlt. Der Kellner rechnet – eventuell mit Hilfe des Lehrers – den Preis an der Tafel zusammen. Auch dabei werden möglichst nur englische Worte verwendet.

Englisches Picknick

Machen Sie mit ihrer Klasse ein Picknick. Breiten Sie dafür eine Decke auf dem Fußboden oder auf dem Schulhof aus. Die Kinder legen ihr mitgebrachtes Essen auf die Decke. Jetzt stellen die Kinder ihre Nahrungsmittel auf Englisch vor. Begriffe, die die Kinder noch nicht wissen, schlagen Sie gemeinsam mit ihnen im Wörterbuch nach. Diese werden an der Tafel festgehalten. Bringen Sie auch etwas für das Picknick mit. Wenn möglich, typisch britische, amerikanische, irische usw. Lebensmittel, wie z.B. Sandwiches, Pie, Donuts usw.

Eine englische Spezialität

Blaubeer-Muffins/Blueberry-Muffins

2 Kaffeebecher Mehl
½ Teelöffel Salz
3 Teelöffel Backpulver
2 Esslöffel Zucker
¾ Tasse Milch
1 geschlagenes Ei
3 Esslöffel geschmolzene Butter
¾ Tasse frische Blaubeeren
Muffinblech/-formen + Papierförmchen

Sieben Sie das Salz, das Backpulver und den Zucker in das Mehl. Rühren Sie die Blaubeeren vorsichtig ein. Mischen Sie nun die Milch, das Ei, die Butter, und fügen Sie dies zu den übrigen Zutaten hinzu. Verrühren Sie den Teig, bis alles gut vermengt, aber noch nicht zu einer cremigen Masse geworden ist.

Wenn Sie keine Papierförmchen haben, fetten Sie das Muffinblech oder die Muffinformen gut ein. Füllen Sie nun den Teig hinein. Bei 200°C 20–25 Minuten backen. Der Teig reicht für 12 Muffins. Die Kinder können die fertigen Muffins zusätzlich mit Butter und Marmelade bestreichen.

Nahrungsmittelbingo

Teilen Sie Ihre Klasse in Gruppen von maximal fünf Kindern auf. Kopieren Sie die vier Bingokarten der Seiten 79 und 80. Vor dem Laminieren kleben die Kinder die Karten auf Pappe und malen sie an. Verteilen Sie nun die vier Bingokarten in jeder Gruppe. Jedes Kind einer Gruppe, bis auf eines, erhält eine andere Bingokarte. Das Kind ohne Karte ist der Spielleiter. Die Nahrungsmittelmagnete werden in einen Beutel gesteckt. Diesen bekommt der Spielleiter. Die Kinder mit den Bingokarten erhalten Spielfiguren oder Plättchen, um die Bingofelder später abdecken zu können.

Der Spielleiter zieht nun nacheinander jeweils einen Nahrungsmittelmagneten aus dem Beutel und sagt das englische Wort dafür. Die Magneten legt er nicht wieder in den Beutel zurück. Das Kind, das zuerst eine diagonale, senkrechte oder waagerechte Reihe mit drei genannten Nahrungsmitteln bedeckt hat, ruft „Bingo" und hat gewonnen. Dieses Kind liest die drei Nahrungsmittel nun noch einmal auf Englisch vor. Das Spiel kann auch mit größeren Gruppen oder der ganzen Klasse gespielt werden. Dann sollten Sie allerdings mehr als vier verschiedene Bingokartenvarianten haben.

Nahrungsmittelbingo

Nahrungsmittelbingo

Nahrungsmittelbingo

Nahrungsmittelbingo

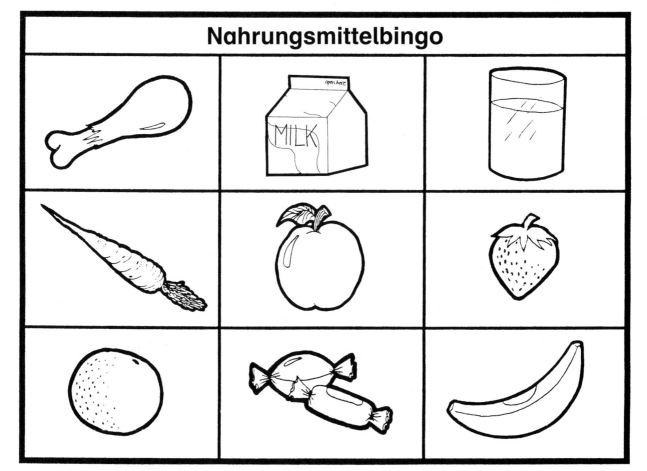

Koche ein Essen

Die Kinder bekommen eine vergrößerte Kopie dieser Seite. Aus Zeitschriften und Werbeprospekten schneiden die Kinder verschiedene Nahrungsmittel und ein Getränk aus. Damit stellen sie sich ein Essen zusammen.

Dazu kleben die Kinder die ausgeschnittenen Nahrungsmittel auf das Blatt. Dann beschreiben sie auf Englisch, was sie vor sich auf dem Teller haben. Unbekannte Vokabeln schlagen Sie gemeinsam mit den Kindern im Wörterbuch nach. Diese werden an der Tafel festgehalten.

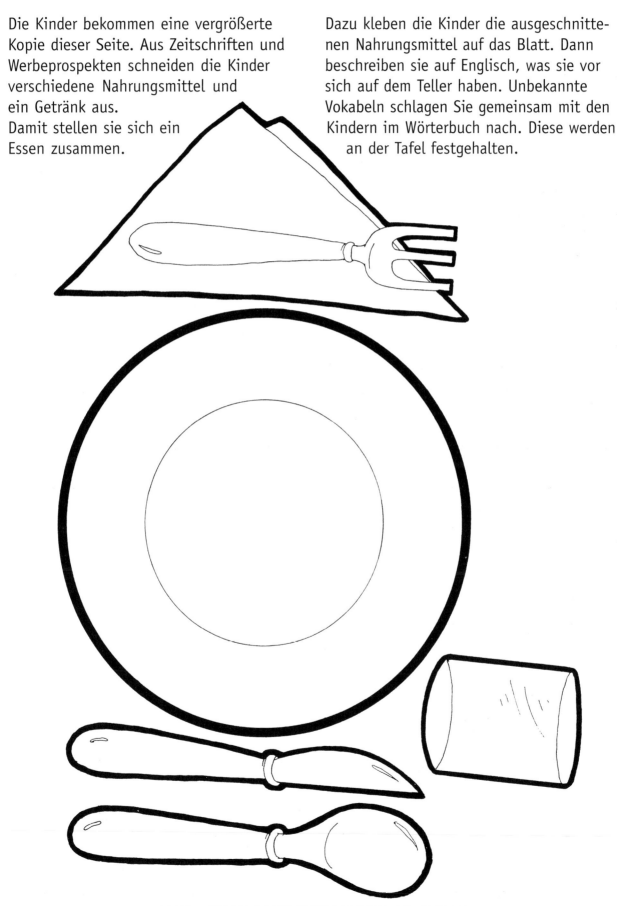

Nahrungsmittel-Blatt

Name: _____

Male alle Lebensmittel an, von denen du noch die englischen Vokabeln kennst. Wenn du ein Wort vergessen hast, lasse dir von einem Mitschüler helfen. Zeigt euch danach eure Bilder, und nennt abwechselnd den englischen Begriff für ein Nahrungsmittel.

Vokabelkarten

milk	**grapes**
water	**apple**
orange	**bread**
cake	**ice cream**
butter	**egg**

Vokabelkarten

die Weintrauben	die Milch
der Apfel	das Wasser
das Brot	die Orange
die Eiscreme	der Kuchen
das Ei	die Butter

Vokabelkarten

chicken	cereal
salad	banana
strawberry	carrot
hamburger	chocolate
candy	potato

Vokabelkarten

die Cornflakes

das Huhn

die Banane

der Salat

die Karotte

die Erdbeere

die Schokolade

der Hamburger

die Kartoffel

die Bonbons

Tiere

Vokabeln
die Katze	cat
der Hund	dog
die Kuh	cow
das Pferd	horse
das Huhn	chicken
das Schwein	pig
das Schaf	sheep
der Vogel	bird
der Bär	bear
die Schlange	snake

Tierbilder für die Tafel

Auch die Bilder auf den Seiten 88 und 89 können Sie zur Erweiterung Ihrer Magnetbildsammlung kopieren, anmalen, laminieren und mit einem Magneten versehen. Die Magnete lassen sich beliebig an der Tafel verschieben und unendlich oft verwenden. Fragen Sie die Kinder nach Einführung der neuen Vokabeln, welches Tier sie am liebsten mögen. Dafür verwenden die Kinder die Redewendung "I like ..." Sagen Sie zuerst, welches Tier Sie mögen, z.B. "I like dogs". Fordern Sie die Kinder dann auf, Ihnen zu sagen, welches Tier sie mögen. Vielleicht können Sie auch noch die Redewendung für *nicht mögen* ("I don't like ...") einführen.

Tierbilder

Unser Zoo

Jedes Kind bringt ein Stofftier mit. Eröffnen Sie in einer Ecke des Klassenraums mit allen Tieren einen Zoo. Jedes Tier wird nun von seinem Besitzer vorgestellt.
Dafür sollten sie vorher den Satz: "Hi, this is ..." einführen. So können die Kinder den Namen und die Art des Stofftieres sagen, z.B.: "Hi, this is Fluffy the cat."

Tierlaute: "Old MacDonald"

Das Lied "Old MacDonald" ist eine alte amerikanische Volksweise und eignet sich hervorragend zum Vertiefen der Vokabeln zum Thema Tiere.

Die Tiere und Laute werden in den folgenden sieben Strophen jeweils ausgetauscht durch:

1. Old MacDonald had a farm,
   ee-ii-ee-ii-oo.
   And on his farm he had some chicks,
   ee-ii-ee-ii-oo.
   With a chick, chick, here,
   and a chick, chick, there,
   here a chick, there a chick,
   ev'-vry-where a chick, chick.

2. some ducks ... quack, quack
3. some cows ... moo, moo
4. some pigs ... oink, oink
5. some dogs ... bow, wow
6. some sheep ... baah, baah
7. some cats ... meow, meow

Tierhandpuppen

Für dieses Angebot brauchen Sie braune Packpapiertüten, dünne Pappe und Papier(reste) in verschiedenen Farben. Damit können die Kinder schnell und einfach Tierhandpuppen basteln. Bevor Sie den Kindern auftragen, ein Tier zu kreieren, basteln Sie zuerst selber eines, damit die Kinder eine ungefähre Vorstellung davon bekommen. Stellen Sie Ihr Tier auf Englisch vor. Nennen Sie Namen, Tierart, ein paar Körperteile und die Farben des Tieres. So wiederholen Sie bereits Gelerntes und ermutigen die Kinder, ihr Tier in ähnlicher Weise – eventuell mit Ihrer Hilfe – zu präsentieren. Die Handpuppen können die Kinder auch für ein Kasperletheater oder zur Untermalung des "Old MacDonald"-Songs verwenden.

Tier-Blatt

Name: _____

Zeichne eine Linie von jedem Tier auf der linken Seite zu seinem Jungen auf der rechten Seite. Kannst du das Tier auf Englisch benennen?

Und jetzt noch ein Rätsel: Wie viele Tiere siehst du auf dem Blatt? Sage die Zahl auf Englisch!

Vokabelkarten

cat	dog
chicken	snake
horse	cow
bear	pig
bird	sheep

A Bit of Everything **93** Tiere

Vokabelkarten

der Hund

die Katze

die Schlange

das Huhn

die Kuh

das Pferd

das Schwein

der Bär

das Schaf

der Vogel

Familienmitglieder

Vokabeln
die Mutter — mother
der Vater — father
die Schwester — sister
der Bruder — brother
die Großmutter — grandmother
der Großvater — grandfather
die Tante — aunt
der Onkel — uncle
die Cousine/der Cousin — cousin
das Baby — baby

Familienmitglieder für die Tafel

Zur Einführung der Vokabeln zum Thema Familienmitglieder finden Sie auf den Seiten 96 und 97 die passenden Bilder. Kopieren und bemalen Sie diese, bevor Sie sie mit Pappe verstärken und laminieren.

Kleben Sie einen Magneten auf die Rückseite, damit die Schüler die Bilder auf einer Tafel beliebig anbringen können. Beim Spiel mit den Magneten sollen die Kinder immer nur die englischen Begriffe benutzen.

A Bit of Everything — Familienmitglieder

Familienmitglieder

der Bruder / brother

der Vater / father

die Mutter / mother

Märchenstunde

Schreiben Sie ein kurzes Märchen über eine Familie, das zu Ihrem derzeitigen Unterrichtsthema passt und in dem möglichst viele Vokabeln vorkommen, die die Kinder bereits gelernt haben. Lesen Sie dieses Märchen den Kindern langsam vor. Erkennen die Kinder ein Wort, das sie bereits auf Englisch kennen, stehen sie auf und nennen es in der englischen Übersetzung. Es ist hilfreich, wenn Sie beim Lesen der betreffenden Worte ganz besonders langsam werden.

Fototag

Jedes Kind bringt ein Foto seiner Familie mit, auf dem möglichst viele Familienmitglieder abgebildet sind. Die einzelnen Personen stellen die Kinder nun mit Hilfe der neuen Vokabeln vor. Die Fotos können auch Teil eines Familienbaumes werden.

Malen Sie einen Baum mit so vielen Ästen, wie Sie Kinder in der Klasse haben. An das Ende eines jeden Astes kleben Sie ein Familienfoto. Dieser Ast wird dann nach dem Namen des Kindes benannt, dem das Foto gehört, z.B. "Nina's family".

Familien-Blatt

Name: _____

Male die Personen auf dem Arbeitsblatt an. Verbinde sie mit dem passenden englischen Wort auf der rechten Seite. Kannst du auch die Kleidungsstücke dieser Familie auf Englisch sagen?

mother

brother

father

sister

baby

A Bit of Everything — Familienmitglieder

Vokabelkarten

mother	**father**
grandmother	**grandfather**
sister	**brother**
aunt	**uncle**
cousin	**baby**

A Bit of Everything | 101 | Familienmitglieder

Vokabelkarten

Fortbewegungsmittel

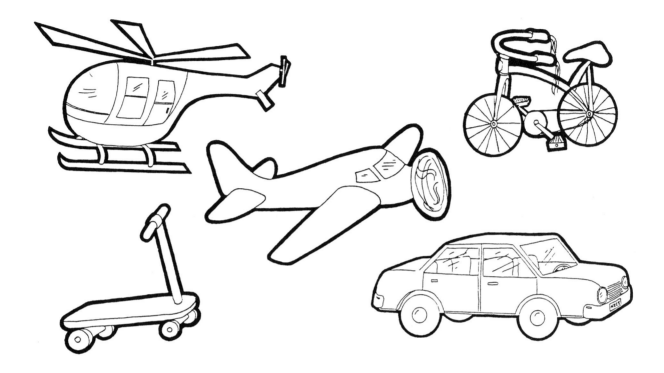

Vokabeln

das Auto	car
der Bus	bus
der Lastwagen	lorry
das Fahrrad	bike
das Boot	boat
das Flugzeug	plane
die Ski	ski
der Hubschrauber	helicopter
der Ballon	balloon
der Roller	scooter

Collage

Sammeln Sie viele verschiedene Zeitschriften. Die Kinder schneiden unterschiedliche Bilder von Fortbewegungsmitteln aus. Diese Bilder kleben die Kinder auf einer großen Pappe zu einer Collage zusammen. Hängen Sie die Collage auf, und besprechen Sie die Fortbewegungsmittel. Dabei führen Sie die neuen Vokabeln ein. Die englischen Begriffe können Sie außerdem auf kleine Pappschilder schreiben und zu der Collage hinzufügen. Benutzen Sie die Collage als Dekoration Ihres Klassenraums. So werden die Kinder immer wieder an die neuen Begriffe erinnert.

Werkstatt

Die Schüler bekommen für die Fortbewegungsmittel-Werkstatt Zeit mit Bauklötzen, Legosteinen, Pappschachteln usw. selbsterdachte Fortbewegungsmittel zu konstruieren. Die Kinder sollten möglichst allein oder in kleinen Gruppen arbeiten, denn so bekommen sie individuellere Konstruktionen. Schließlich stellt jedes Kind oder jede Gruppe das Fortbewegungsmittel auf Englisch vor. Eventuell können die Kinder auch schon die Farben des Fortbewegungsmittels mit den Vokabeln aus der Farbeneinheit benennen.

Fortbewegungsmittel-Blatt

Name: _____

Male die Fortbewegungsmittel in unterschiedlichen Farben an. Besprich dann mit einem Mitschüler alle Fortbewegungsmittel, indem du ihm auf Englisch sagst, wie sie aussehen.

Du sagst z.B.: "My car is blue" (das heißt: „Mein Auto ist blau."). Lasse dir von deinem Lehrer vorher einige Beispielsätze nennen, damit du einmal hörst, wie die Worte ausgesprochen werden.

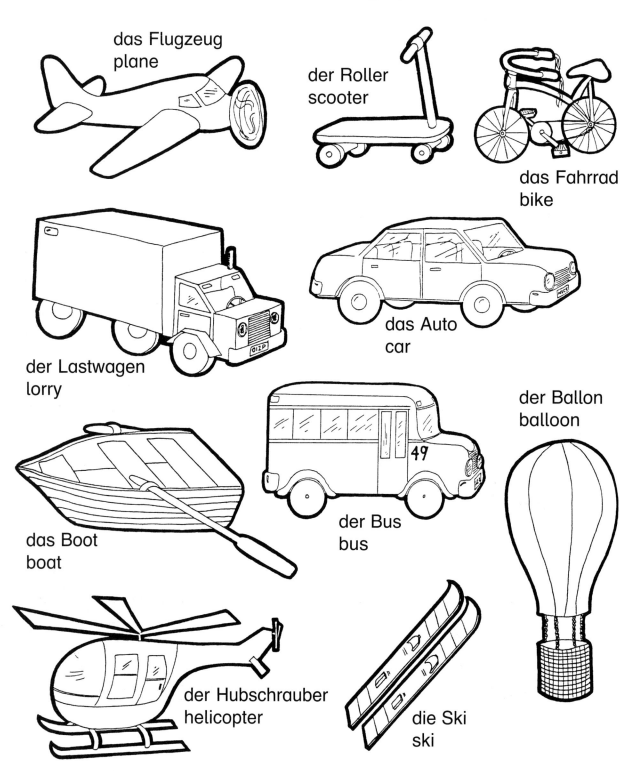

Vokabelkarten

plane	bus
car	boat
bike	lorry
scooter	ski
helicopter	balloon

A Bit of Everything | 107 | Fortbewegungsmittel

Vokabelkarten

 **der Bus**

 **das Flugzeug**

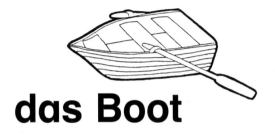 **das Boot**

 **das Auto**

 **der Lastwagen**

 **das Fahrrad**

 **die Ski**

 **der Roller**

 **der Ballon**

der Hubschrauber

Orte

Vokabeln

das Haus	house
die Küche	kitchen
das Schlafzimmer	bedroom
die Schule	school
die Bücherei	library
das Krankenhaus	hospital
die Kirche	church
das Restaurant	restaurant
die Bäckerei	bakery
die Bank	bank

Rate den Ort

Kopieren Sie die Bilder auf den Seiten 110, 111, 112 und 113. Die Bilder werden angemalt, laminiert und auf der Rückseite mit einem Magneten versehen. So können Sie auch diese Bilder an der Tafel befestigen.

Stellen Sie den Kinder zuerst die neuen Vokabeln vor. Dann ordnen die Kinder die Gegenstände dem richtigen Ort zu. Dazu zeigen sie auf den Gegenstand, z.B. das Buch, und sagen beispielsweise: "In the

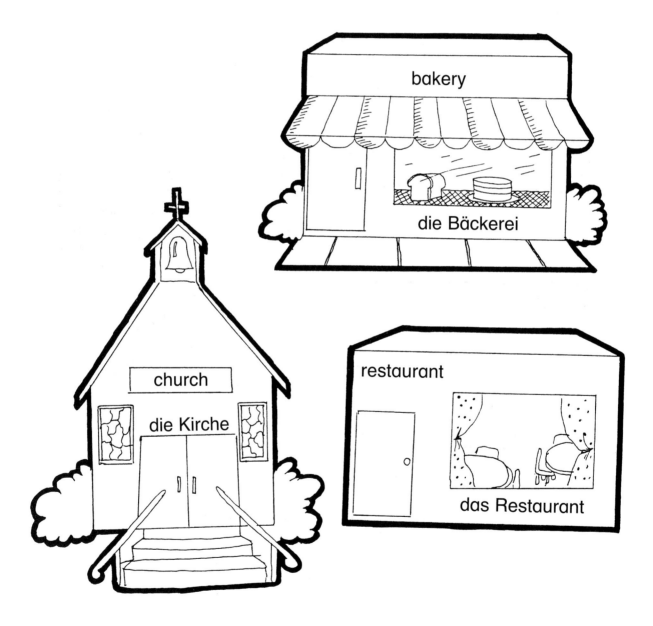

Rate den Ort

bedroom." Erklären Sie den Kindern vorher, was *in the* bedeutet und wie man es ausspricht. In diesem Fall sagen Sie jetzt: "No!", und die Kinder raten so lange, bis sie den Gegenstand dem richtigen Ort zugeordnet haben, nämlich: "In the library." Auch die Magnetbilder aus den anderen Einheiten können hier teilweise eingebracht werden (Nahrungsmittel, Kleidungsstücke, Familienmitglieder).

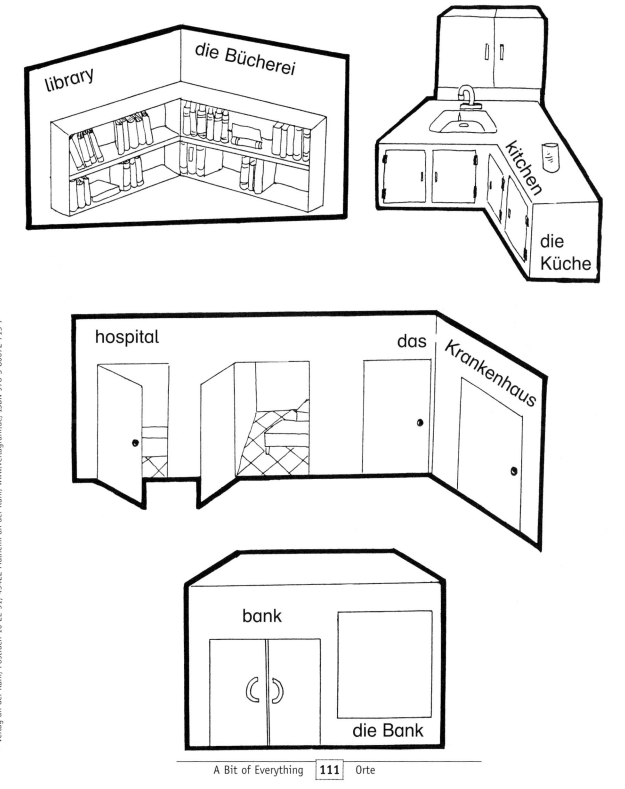

A Bit of Everything — Orte

Rate den Ort

Rate den Ort

Orte-Blatt

Name: _____

Sieh dir die Bilder der Orte und
Räume an. Male dann in jedes
Kästchen ein Bild von einem
Gegenstand, den du an diesem
bestimmten Ort finden könntest.

das Haus house	die Küche kitchen	das Schlafzimmer bedroom
die Schule school	die Bücherei library	das Krankenhaus hospital
das Restaurant restaurant	die Bäckerei bakery	die Bank bank

A Bit of Everything · 114 · Orte

Vokabelkarten

house	**hospital**
kitchen	**church**
bedroom	**restaurant**
school	**bakery**
library	**bank**

A Bit of Everything **115** Orte

Vokabelkarten

Wichtige Sätze

Vokabeln

Guten Morgen!	Good morning!
Hallo!	Hello!
Wie geht es dir?	How are you?
Mir geht es gut.	I am fine.
Und dir?	And you?
Danke sehr.	Thank you.
Wie spät ist es?	What time is it?
Es ist __Uhr.	It is ___ o'clock.
Auf Wiedersehen!/Tschüss!	(Good) Bye!
Gute Nacht!	Good night!

Wichtige Sätze

Begrüßungen, Verabschiedungen oder die Frage nach der Uhrzeit lernen die Kinder schnell, wenn sie in den Unterrichtsverlauf eingebaut und täglich wiederholt werden. Schreiben Sie die kurzen Sätze dieser Einheit auf kleine Poster, und hängen Sie diese in der Klasse auf.

Sie können diese Poster aber auch als Signalkarten verwenden.
Üben Sie mit den Kindern einen kleinen Dialog ein. Schreiben Sie dazu die einzelnen Sätze auf ein Plakat. Diese decken Sie dann während der Übung Stück für Stück auf.

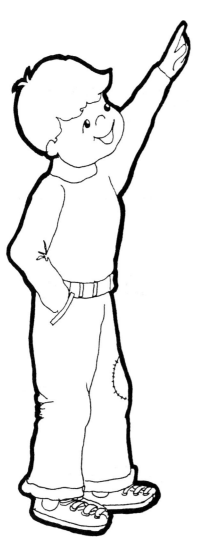

Beispiel 1:
Lehrer: Hi! How are you?
Schüler: I am fine. Thank you. And you?
Lehrer: I am fine. Thank you.

Beispiel 2:
Lehrer: What time is it?
Schüler: It is ____ o'clock.
Lehrer: Thank you. (Good) Bye!
Schüler: (Good) Bye!

Vokabelkarten

Good morning!	**What time is it?**
Hello!	**It is ___o'clock!**
How are you?	**Thank you.**
And you?	**(Good) Bye!**
Good night!	**I am fine.**

A Bit of Everything 119 Wichtige Sätze

Vokabelkarten

Wie spät ist es?	**Guten Morgen!**
Es ist __ Uhr.	**Hallo!**
Danke sehr.	**Wie geht es dir?**
Auf Wieder-sehen!/ Tschüss!	**Und dir?**
Mir geht es gut.	**Gute Nacht!**

Literatur

Fink, Christine:
Kid's Corner: 55 Five-Minute-Games.
Sprachspiele für den Englischunterricht.
Kl. 1–6, Verlag an der Ruhr, 2002.
ISBN 978-3-86072-680-8

Fink, Christine:
Kid's Corner: 66 Six-Minute-ABC-Activities.
Arbeitsblätter und Aktivitäten für den
Englischunterricht.
8-12 J., Verlag an der Ruhr, 2003.
ISBN 978-3-86072-826-0

Gegier, Brigitte:
Kid's Corner: Bewegungsspiele in Englisch.
Für Klassenraum und Turnhalle.
6–12 J., Verlag an der Ruhr, 2004.
ISBN 978-3-86072-896-3

Gegier, Brigitte:
Let's get moving.
Bewegungsspiele in Englisch.
Ab 2. Lernjahr, Verlag an der Ruhr, 2006.
ISBN 978-3-8346-0070-7

Gegier, Brigitte; Schaefer, MarEl:
Wake up little Hedgehog.
Englisch fächerübergreifend.
Ein Projekt zum Thema Igel.
Kl. 3–4, Verlag an der Ruhr, 2006.
ISBN 978-3-8346-0205-3

Oezogul, Uta:
Englisch mit allen Sinnen.
Alphabet und Zahlen.
Für Frühlerner.
4–8 J., Verlag an der Ruhr, 2006.
ISBN 978-3-8346-0202-2

Oezogul, Uta:
Englisch mit allen Sinnen.
Zeit und Jahreszeiten.
Für Frühlerner.
4–8 J., Verlag an der Ruhr, 2006.
ISBN 978-3-8346-0203-9

Postfach 10 22 51
45422 Mülheim an der Ruhr

Telefon 030/89 785 235
Fax 030/89 785 578

bestellungen@cornelsen-schulverlage.de
www.verlagruhr.de

Es gelten die Preise auf unserer Internetseite.

Kids' Corner
■ Bewegungsspiele in Englisch – 1. Lernjahr
Birgit Gegier
Kl. 1–6, 102 S., 16 x 23 cm, Paperback
ISBN 978-3-86072-896-3
Best.-Nr. 2896
13,80 € (D)/14,20 € (A)/22,30 CHF

Kids' Corner
■ 55 Five-Minute-Games
Sprachspiele für den Englischunterricht
Christine Fink
6–12 J., 71 S., A5, Paperback
ISBN 978-3-86072-680-8
Best.-Nr. 2680
10,80 € (D)/11,10 € (A)/17,40 CHF

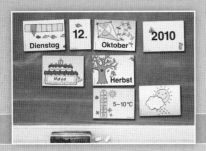

■ Der Universal-Kalender für Kita und Grundschule
Redaktionsteam Verlag an der Ruhr
3–10 J., 110 Karten, farbig A6, banderoliert
ISBN 978-3-8346-0591-7
Best.-Nr. 60591
19,80 € (D)/20,35 € (A)/32,– CHF

■ Wer mit wem?
6 Kartensets für Gruppeneinteilung und Gruppenämter
Redaktionsteam Verlag an der Ruhr
5–12 J., 180 Teambildungs-Chips, 54 Gruppenämter-Karten, 16 S. Broschüre, inkl. Stoffbeutel
GTIN 4260217050069
Best.-Nr. 65006
19,90 € (D)/20,60 € (A)/32,10 CHF

■ Orientierung ohne Worte
Bildkarten für Stundenplan und Tagesablauf
Jens Kirschner, Sabine Treu
Kl. 1–4, 46 S., A5 quer, 46 Karten,
farbig + Begleitheft A5, banderoliert
ISBN 978-3-86072-956-4
Best.-Nr. 2956
17,50 € (D)/18,– € (A)/28,20 CHF

■ Das brauchst du!
232 Materialkarten zur Visualisierung
Redaktionsteam Verlag an der Ruhr
5–10 J., 82 A6-Karten und 150 A7-Karten, farbig
GTIN 4260217050038
Best.-Nr. 65003
21,90 € (D)/22,65 € (A)/35,30 CHF

■ Signalkarten für den Englischunterricht
Classroom Phrases
Lena Morgenthau
5–10 J., A4, 31 Karten,
farbig + Begleitheft A4, banderoliert
ISBN 978-3-8346-0311-1
Best.-Nr. 60311
17,50 € (D)/18,– € (A)/28,20 CHF

■ Ämterkarten
Orientierung ohne Worte
Jens Kirschner, Sabine Treu
Kl. 1–6, A6-quer, 28 Karten,
farbig + Begleitheft, A6, banderoliert
ISBN 978-3-8346-0210-7
Best.-Nr. 60210
12,80 € (D)/13,15 € (A)/20,70 CHF

Locker durch den Unterricht